청소년을 위한
미술치료

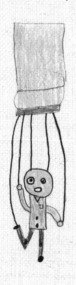

사례를 통해 알아보는 미술치료 이론과 기법

청소년을 위한
미술치료

| 주리애 · 윤수현 지음 |

아트북스

청소년을 위한 미술치료가
보편화되는 그날까지

어느 여름, 지인에게 연락이 왔다. 중학생 딸을 도무지 이해할 수 없으니 한번 만나봐 달라는 것이었다. 흔쾌히 그러겠노라 하고 약속을 잡았다. 순해 보이는 인상에 수줍어하는 기색이 있었지만, 이내 말문을 열고 자기 이야기도 곧잘 하고 그림도 스스럼없이 그렸다. 한 시간의 만남으로 단정적인 이야기를 할 수는 없겠지만, 적어도 그 친구는 별 문제가 없어 보였다. 그렇다면 어머니가 문제인가? 필자가 오랫동안 알고 지낸 분이기는 하지만, 부모 자녀 관계에서는 다른 모습이 나올 수도 있는 것이다. 나중에 만나서 이야기해본 바로는, 지인에게도 별문제가 없어 보였다. 결론을 내리자면 그 자녀는 지금 성장통을 겪고 있는 것이며, 또 다른 면에서는 관계의 변화에 대한 적응 과정이라 할 수 있는 것이다.

청소년기는 마치 종잡을 수 없는 초여름의 날씨 같다. 더운 것 같다가도 때로 서늘하고, 소낙비 뒤에 믿을 수 없을 정도로 맑은 하늘을 만난다. 아름답던 봄꽃은 열매를 맺느라 떨어져버렸고, 기다리는 열매는 아직 설익고 크기도 작다. 그래도 아름답다. 초여름에 불어오는 바람도, 변화도 모두 아름답다.

어떤 사람들은 가을이 있기 때문에 여름을 견딘다고 하지만, 여름은 그 자체로 의미를 가진다. 청소년기도 마찬가지이다. 굳이 앞으로의 미래를 언급하지 않더라도, 청소년기는 불완전한 상태 그대로 의미 있는 시간이다. 감정과 감각이 전체 연령대를 모두 통틀어서 가장 활발한 시기이고, 관계에 대한 조망이 새로워지며 자신의 삶의 의미를 진정 어린 시선으로 고민해보게 되는 첫 시기이다.

그러한 청소년기에 방황과 갈등이 없을 수는 없겠지만, 스스로를 파괴하고 주변을 어둡게 물들이는 경우라면 얼마나 안타깝고 아픈 일인가. 마음이 병든 청소년을 치료하고 도와주어야 한다는 것은 청소년기라는 특별한 시기에 대한 모든 어른들의 공감대에서 비롯된 것이다.

필자가 처음 미술치료를 공부하던 때에 인턴으로 나갔던 곳은 청소년 쉼터였다. 그곳에서 여러 가정 상황과 개인 사정으로 집을 나온 청소년들을 만났고 그들과 미술 작업을 했다. 대부분의 청소년들이 말로는 마음을 쉽사리 열지 못하지만, 그림으로는 놀라울 정도로 다양한 표현을 했다. 가끔 그림 속 이미지가 너무 가슴 아파 할 말을 잊어버리기도 했고, 조금씩 보이는 변화와 성장에 감격하기도 했다.

이후 미술치료 전문가로 국내에서 활동하면서 정신과 병동에 입원한 청소년들을 만나서 작업을 했는데, 마찬가지로 이들도 말보다는 미술 작업을 더 선호했다. 청소년들이 그림과 찰흙 작업을 통해 자신의 상황과 고민, 생각과 감정을 가감 없이 표현하는 것을 보면서, 미술치료야말로 청소년에게 부담스럽지 않은 친구 같은 치료라는 확신이 들었다.

청소년 미술치료가 상당히 강력하고 활용도가 높은 치료 방법인 것에 비해, 청소년 미술치료의 이론이나 기법, 사례에 대한 소개는 아직 미미한 편이다. 그래서 필자는 이러한 책이 꼭 나왔으면 좋겠다는 바람을 가지게 되었다. 그러던 어느 날, 서울여대에서 인연을 맺은 윤수현 선생과 연락하게 되었다. 윤수현 선생은 정신과 부설 상담 센터에서 미술치료사로 근무하면서 다양한 청소년 내담자를 많이 만나고 있었는데, 청소년 미술치료로 함께 공동 작업을 해보자고 의기투합하게 되었다.

이 책은 청소년 미술치료의 이론적인 부분과 기법, 그리고 사례들로 구성되었다. 책의 전반부인 1장에서 3장은 청소년 미술치료의 이론과 발달적 관점, 청소년의 문제에 대해 서술한다. 4장과 5장, 6장은 그림 검사와 치료 과정, 기법을 각각 소개한다. 7장부터 10장은 미술치료가 진행되는 방식에 따른 분류인 단기 미술치료와 장기 미술치료, 집단 미술치료와 가족 미술치료에 대해 다루고 있다. 마지막으로 11장은 게임 중독 문제를 가진 청소년의 미술치료 사례를 소개한다. 바라건대, 이 책이 작은 밑거름이 되어 우리나라 청소년들에게 미술치료가 더 활발하게 제공되었으면 한다.

끝으로 이 자리를 빌려 책의 출간을 흔쾌히 맡아주신 아트북스와 좋은 책이 나오도록 세심하게 편집해주신 박주희 편집자에게 깊이 감사드린다. 함께 작업을 하며 즐거움과 수고를 나눈 윤수현 선생에게 축하와 감사의 인사를 전하고, 항상 곁에서 따뜻한 힘이 되어주는 가족들에게 고마움을 전한다.

2014 여름
주리애

청소년기의 혼란스러움을
미술치료로 극복해보세요

초등학교 4학년 여름방학 때, 가족들과 여름휴가를 다녀오는 차 안에서 창밖을 보다가 문득 '죽음'을 떠올렸던 기억이 있다. 창밖의 건물들과 바쁘게 지나가는 사람들을 보면서 '내가 죽더라도 세상은 아무것도 변하지 않고 사람들은 이렇게 일상을 살아가겠지'라는 생각이 들면서 매우 서글퍼졌다.

바닷가에서 즐겁게 휴가를 보내고 오는 길에 왜 그런 생각을 했는지 지금도 이해가 잘 되지 않지만, 그때부터 나는 종종 내가 이 세상에 살아 있었다는 흔적을 남기고 싶다는 생각을 많이 했다.

청소년기 때의 필자는 겉으로 보기에는 활달하고 친구들을 이끄는 역할을 하곤 했지만 사실은 부끄러움이 많고 혼자 그림 그리거나 책 읽기를 좋아하는 성격이었다. 외부에서 기대하는 나로 행동할 것인지 아니면 나의 내면을 그대로 보여줄 것인지가 늘 고민이었다. 그런 나의 내면의 싸움은 그림을 그림으로써 잠재워졌고 평화를 찾게 되었다. 조용히 그림을 그리면서 알게 된 것은 그 둘 다 '나'라는 것이었다. 다양한 모습을 지닌 내가 상황에 맞게 행동하면 되는 것이고 굳이 누구에게 맞추려고 하지 말고 스스로를 탐색하여 그에 맞게 미래를 준비하는 것이 더 중요하다는 것을 깨닫기까지는 시간이 걸렸다.

스스로 미술로 혼란스러움이 치유되는 경험을 한 것이 내가 미술치료를 하게 된 계기였다. 그리고 성장함에 따라 '책처럼 시간과 시간, 공간과 공간을 이어주는 매력적인 매개물이 있을까'라는 생각을 하게 되면서부터 책을 쓰고 싶었다. 책만큼 한 인간이 이 세상에 살았다는 것을 멋지게 증명해줄 것이 또 있을까 하는 것이 나의 생각이었다. 그리고 지금 머리말을 쓰게 되어 매우 기쁘다. 물론 시간이 지나면서 글을 쓰게 된 이유는 많이 달라졌다.

임상을 하면서 다양한 연령대의 내담자를 만나왔는데 치료사로서 매력을 많이 느낀 것은 청소년들이었다. 청소년 상담을 청소년 전문병원에서 시작한 시기에 결혼하고 출산했던 터라 더욱 그러했던 것 같다. 자녀를 양육하면서 나의 자녀에게서 볼 수 있는 연령에 따른 변화가 청소년 내담자들에게서 보이는 그 경험은 내게 특별하게 다가왔다. 임상에서 만난, 정서 연령이 6~7세에 고착된 중·고등학생들은 해결되지 않은 정서적인 문제가 주변의 기대는 물론 자신의 이성과도 갈등을 일으키는 경우들이 많았다. 자신의 내면과 외부 상황의 불균형이 주는 갈등이 얼마나 힘든지 경험을 해봤기에 그러한 청소년들에게 도움을 주고 싶었다.

인지가 뛰어나면 정서도 그러할 것이라 여기지만 실제 정서란 것은 단계대로 발달하는 것이지 일곱 살 아이가 고등학교 수학을 푸는 천재성을 보인다고 해서 고등학생의 정서로 단번에 뛰어넘지는 않는다. 자신의 자녀를 인격적으로 존중해주고 사랑해주는 것 그리고 그 나이에 맞게 키우는 것은 평범하지만 어려운 일이기도 하다. 정신적으로 성숙하지 못했지만 신체가 성장하고 힘은 강해진 청소년들이 이미 주변과 벽이 쌓여 소통하지 못할 때, 미술치료는 그들에게 아주 적합한 치료 도구가 되었다. 청소년들이 쓰는 용어는 단순하지만 그 안에 내포한 뜻은 매우 다양하다. 예를 들어 가장 자주 들리는 말 중의 하나인 '짜증 난다'에는 '인정받고 싶은데 안 되어 실망감이 든다' 혹은 '나도 좀 더 나은 내가 되고 싶은데 잘 안 되어 나의 미래가 불안하다' 등 다양한 의미를 내포하고 있다. 이 책에 사례로 등장한 청소년들은 미술치료를 받으면서 자신이 진정 바라는 것이 무엇인지 스스로 인식해갔고 문제들을 감소시키는 방향으로 노력하며 변화해갔다. 이 책에는 그런 청소년의 마음을 그대로 반영한 작품도 있고, 변화되어 가는 과정을 담은 사례들도 있다.

주리애 교수님께 책의 제안을 받았던 것은 5년간 기다린 둘째를 임신했을 때였다. 태동을 느끼며 글을 쓰는 과정은 마치 신체적인 분신과 정신적인 분신을 함께 출산하는 것 같았다. 엄마로서 오랜 기다림 끝에 갖게 된 둘째만큼이나, 존재에 대한 고민을 한 지 스무 해가 넘어가는 시점에서 책을 출간하게 되어 무척이나 기쁘다. 이러한 기쁨을 느끼게 해주신 주리애 교수님께 말로 다할 수 없는 감사를 드린다.

그리고 나의 소중한 남편과 더없이 사랑하는 예영이와 민영이, 항상 존경하는 부모님과 나의 멘토 언니와 형부, 조카 성진이와 경진이, 남동생 형선이, 항상 막내 가정을 사랑해주시는 시댁 어르신들께 이 책을 바치고 싶다.

2014 여름
윤수현

ART THERAPY

1장

청소년과
미술치료

ART THERAPY

미술치료는 생각과 감정을 비언어적인 방식으로 표현하고 그 의미를 이해함으로써 내적 갈등과 고통을 견디고 문제를 해결하거나 어려움을 딛고 일어서도록 심리적 변화를 촉진시키는 전문적인 서비스이다. 언어가 더 이상 빛을 발하지 못할 때이거나 말이 또 다른 오해를 낳을 때, 혹은 교묘한 말로 거짓 이야기를 꾸며낼 때, 이때는 언어보다 더 원시적인 생명력을 지닌 의사소통 채널이 필요하다.

그러한 요구에 부응하는 것이 바로 미술이다. 미술은 언어를 배우기 이전에 개인이 경험하는 것이며, 시각적인 의사소통은 생각과 논리의 법칙에 얽매이지 않는다. 그래서 어떤 경우에는 그림이 도통 무슨 뜻인지 이해하기 어려울 수도 있지만, 또 다른 경우에는 말로 할 수 없었던 것을 생생하게 전달해주기도 한다. 미술을 사용하여 감정과 생각, 느낌을 표현하는 것은 언어가 막혔을 때에도 얼마든지 가능하다. 뿐만 아니라 생각이나 말로 다른 사람을 속일 수 있어도 이미지까지 속일 수는 없다. 시각 이미지는 우리의 생각이나 의도보다 더 깊은 곳에서 나오기 때문이다.

미술을 통해 자신의 감정과 생각, 떠오르는 이미지를 표현하는 것은 마음을 다루는 치료에서 중요한 의미를 지닌다. 무엇보다 표현하는 것만으로도 심리적 긴장과 고통을 누그러뜨릴 수 있다. 더불어 마음의 거울에 자신의 모습을 비추어보는 것처럼, 그림에 나타난 자신의 마음 면면을 들여다봄으로써 무엇이 있거나 없는지, 무엇이 강하거나 약한지, 무슨 느낌을 주는지 바라보며 자신에 대해 깨달음을 얻을 수 있다.

미국 미술치료협회

미술치료는 정신건강과 연계된 전문 분과의 하나로, 미술치료사는 내담자로 하여금 미술 매체와 창의적 과정 및 그 결과물인 미술작품을 활용하여, 자신의 감정을 탐색하고 정서적 갈등을 해소하며 자각을 촉진시키고 행동과 중독을 조절하여 사회 활동 기술을 개발하며 현실 판단력을 향상시키고 불안을 감소시켜 자존감을 증진시키도록 돕는다.

영국 미술치료협회

미술치료는 미술 매체를 주된 의사소통 양식으로 사용하는 심리치료이다. 미술치료사의 전반적인 목표는 내담자로 하여금 안전하고 촉진적인 환경에서 미술 재료를 사용함으로써 개인적인 수준에서 변화와 성장을 꾀하도록 하는 데에 있다.

캐나다 미술치료협회

미술치료는 창조적 과정과 심리치료를 결합해서, 자기 탐색과 이해를 촉진시킨다. 이 창조적인 치료 과정에서 이미지와 색깔, 형태를 사용해서, 다른 방법으로 나타내기 어려웠던 생각과 감정을 표현하도록 한다.

이러한 미술치료는 그 대상이 아동이든 노인이든 개인이든 집단이든 각각의 대상에 맞게 제공될 수 있다. 미술치료사들 중에는 대상의 연령이나 특성에 상관없이 전체적으로 아우르며 만나는 치료사도 있지만, 자신이 일하는 치료실 환경이나 치료사의 개인적인 선호도에 따라 특정 연령대의 대상을 집중적으로 만나는 경우도 많다. 이를테면 아동을 주로 만나서 미술치료를 한다거나 청소년을 주된 대상으로 미술치료를 하게 된다. 미술치료를 받는 대상이 누구냐에 따라 미술치료를 세분화해서 분류하기도 한다.

청소년 미술치료는 미술치료를 받는 대상이 누구냐 하는 관점에서 정의되고 분류되는 미술치료의 한 분야이다. 아동 미술치료가 보편화된 것에 비해

대상에 따른 미술치료 구분

종류	특징
아동 미술치료	유아동에서 초등학교를 다니는 학령기 아동을 대상으로 미술치료를 실시한다. 아동 미술치료는 부모 상담이 중요 변수가 되는 경우가 잦다.
청소년 미술치료	중학생과 고등학생이 미술치료의 대상이 된다. 표현이 매우 강력하고 과장되어 있거나 혹은 비협조적이고 무기력한 모습을 보이는 등 극과 극의 상태를 보일 때가 많다.
성인 미술치료	20,30대 청년층에서 중장년층에 이르기까지의 성인을 대상으로 미술치료를 실시한다. 대체로 자발적으로 미술치료실을 찾는다.
노인 미술치료	노인을 대상으로 진행되는 미술치료로서, 심리치료적인 접근 외에 의학적 치료를 돕는 것과 재활에 초점을 두는 것이 상당한 비중을 차지한다.
가족 미술치료	한 가족이 당면한 문제의 해결이나 가족 생활 주기에 따른 변화에 더 잘 적응할 수 있도록 돕기 위해 가족 구성원 일부 혹은 전부가 미술치료 과정에 참여한다.

상대적으로 덜 알려졌지만, 청소년 미술치료는 분명 다른 어떤 종류의 미술치료와도 차별성을 가진 분야이다. 흔히 아동 미술치료의 범주를 폭넓게 잡아서 청소년까지 포함하지 않는가 생각할 수 있지만, 이론적인 면에서나 실제 적용에 있어서 아동 미술치료와 청소년 미술치료는 서로 독립적인 것으로 보는 것이 적절하다.

우선 아동과 청소년의 발달적 특성이 차이가 나며, 문제의 종류나 심각성에 있어서도 이들은 사뭇 다른 양상을 보인다. 아동과 청소년이 가진 문제는 양적인 면에서나 질적인 면에서 차이가 난다. 또한 치료 과정에서 이들에게 적용할 수 있는 변화의 과정과 치료 방법도 질적인 차이를 보인다. 가장 두드러진 차이점은 내담자가 치료 과정에서 어떻게 변화하느냐 하는 점이다. 즉, 청소년 내담자는 자신의 문제에 대해 심리적 이해와 통찰을 얻을 수 있는 반면, 아동 내담자는 감정의 해소와 승화를 통한 자아 기능의 강화에 초점을 맞춘다. 결론적으로 이야기하면 아동 미술치료와 청소년 미술치료는 다르다. 미술치료실에 오게 된 문제가 무엇이냐 하는 점에서부터 내담자의 문제에 접근하고 해결하는 치료적 개입과 과정이 모두 차이를 보이게 되므로 두 분야는 별개의 것으로 보아야 한다.

더불어 치료사들끼리 경험을 나누는 자리에서 흔히 나오는 이야기 중에 "아동 미술치료를 좋아하는 사람들은 청소년 미술치료를 그다지 즐겨하지 않고, 청소년 미술치료를 주로 하는 사람들은 아동 내담자를 잘 받지 않는다"라는 말이 있다. 비록 이것은 구체적 통계치를 가지지 않은 경험적인 관찰이기는 하나, 필자들도 대체로 동의하는 바이다. 청소년을 주로 만나는 미술치료사들은 청소년기가 가진 그 시기만의 독특성, 청소년들에게서 볼 수 있는 강렬함과 혼돈스러움, 그리고 아동과 달리 생각을 기반으로 한 상호 교류와 심층적인 변화가 가능하다는 점을 매력으로 꼽는다.

청소년 미술치료는 아동 미술치료에 비해 상대적으로 덜 알려진 분야이기도 하다. 아마도 청소년의 거부적 태도나 비협조적인 자세로 인해 아동에게 하는 것보다 어려웠거나 혹은 유행을 덜 탔기 때문인 것으로 보인다. 아동의 경우는 미술에 대한 반응이 거의 즉각적이고 별다른 촉진 없이도 쉽게 몰입이 가능하다. 게다가 말로 무엇을 하기보다는 미술과 같은 비언어적 의사소통 도구가 훨씬 강력한 메시지를 전달해주기 때문에 아동 미술치료가 미술치료 분야에서 핵심적인 지위를 차지하는 것이 사실이다.

그런데 청소년의 경우는 어떠한가. 사실 청소년을 대상으로 상담이든 교육이든, 아니면 양육이든 어떤 종류의 대화나 인간관계를 맺어본 사람이라면 '도대체 어떻게 해야 할지 모르겠다'라는 느낌을 받은 적이 있을 것이다. 종종 자신의 자식이라도 청소년기에 들어서면 말 섞기가 쉽지 않다는 하소

연이 들린다. 교육 현장에서는 요즘 아이들에게 무엇을 말하기가 겁난다는 푸념도 들린다. 청소년들이 구축한 그들만의 세계에 어른이 진입하기란 여간해서 가능한 일이 아닌 듯 보인다. 하물며 상담 현장이라면 어떻겠는가. 물론 어떤 청소년들은 어른 상담자에게 마음을 열고 속말을 가감 없이 쏟아주기도 한다. 그 과정에서 가시 돋친 저항도 만나고, 빈정거림이나 거짓말과 같은 시련도 만나지만 말이다.

어른이라면 누구라도 청소년기라는 관문을 분명 거쳐왔는데도, 오늘날의 청소년들과 마음에서 마음으로 연결되기란 쉽지 않다. 2,000년 전의 이집트 피라미드 벽면에 "요즘 젊은이들은 도대체 이해할 수 없다"라는 말이 적혀 있다는 이야기도 있지 않은가. 그저 가능한 한 모든 대화의 창구들을 열어볼 수밖에 없다. 그러한 창구 중에 하나가 미술이다. 덜 지시적이고 덜 간섭하고 덜 평가하는 방식으로 진행되는 미술이라면 한번 해봄 직하다. 아동들처럼 청소년들이 반색을 하고 미술을 반기지는 않는다. 그래도 약간의 워밍업을 통해 마음에 불이 지펴지면, 이들은 비언어적이고 상징적인 채널에 적극적으로 자기 마음을 실어 나른다.

청소년 미술치료의 장점

미술치료의 장점은 무엇보다 감정의 표현과 성숙을 강화시킨다는 것이다. 감정은 머리로 해결할 수 없는 대표적인 것이다. 머리로 이해하거나 의지를 발휘한다고 하더라도 감정이 쉽게 잘 변화하지 않거나 마음먹은 대로 움직이지 않았던 경험이 있을 것이다. 왜냐하면 감정은 논리나 생각이 가는 경로와 다른 길을 가기 때문이다. 청소년기에는 다른 무엇보다도 감정에 문제가 생기거나 어려움이 발생하는 빈도가 높다. 그런데 감정을 어떻게 변화시킬 것인가? 강렬하거나 파괴적인 감정, 저조하거나 비활동적인 무미건조한 감정을 바꾸고 변화시키려면 감정이 사용하는 언어와 통로를 따라가야 한다. 그 통로는 비언어적인 것일 때가 많은데, '언어'는 생각과 사고를 기반으로 삼기 때문이다. 비언어적인 통로들 중 예술은 가장 오래되고 핵심적인 부분을 차지하고 있다. 그래서 미술을 사용하는 것이 감정 문제를 가지고 있는 청소년들에게 도움을 주는 것이다.

미술치료는 몸을 사용하도록 한다. 의욕도 없고 의지도 생기지 않는 상태에서 온 청소년 내담자들은 무엇 하나 시작하는 것을 싫어한다. 하지만 미술 재료에 대한 아주 약간의 관심과 끌림이 있어서 선을 긋거나 색 한지를 붙였다면, 그다음은 더 수월하게 진행된다. 그렇게 해서 조금씩 몸을 움직이게 되는데, 이렇게 몸이 움직여주어야 그동안 정체되었던 마음의 기운이 움직이기 시작한다.

미술치료는 감각을 활용하게 한다. 형태와 색깔, 크기, 재질, 그리고 이러한 요소들이 빚어내는 형태 등 미술치료의 모든 구성요소들은 감각을 활성화시킨다. 사실 감각이 활성화되어야 외부 환경을 취사선택할 수 있다. 무감각하거나 감각이 둔한 상태에서는 의욕도 능력도 저하되는 경우가 많다. 청소년기가 선택의 기로에 서 있는 시기임을 감안할 때, 감각이 건강하게 활성화되는 것은 청소년의 인생에 상당한 플러스 요인이 될 것이다.

그 외에도 미술치료를 통해 영적인 깊이를 가지도록 돕게 된다. 자신의 보다 깊은 내면에 관심을 가지도록 하고, 의미를 묵상하는 시간을 부여하기 때문이다.

마지막으로, 미술치료는 대인 관계에도 도움이 된다. 자신이 만든 작품이 어떻게 보이는지 무엇으로 느껴지는지 다른 사람들의 반응과 언급을 들으면서 관심을 가지게 된다. 집단 미술치료에서는 좀 더 다방면으로 사람과 사람을 이어준다. 때로는 다른 사람들의 작품에 자신의 마음을 빗대어 표현하기도 하고, 혹은 순수하게 공감을 느끼기도 한다. 그림이나 미술 작업을 한 공간에서 각자 따로 만들든, 아니면 하나의 공동 작품을 만들든 서로가 뿜어내는 창조의 열기로 인해 도움을 주고받는다.

정리하면, 미술치료는 다음 여섯 가지 방면에서 도움이 된다.

- 미술치료는 감정적으로 성숙하도록 돕는다.
- 미술치료는 신체적으로 움직이도록 돕는다.
- 미술치료는 감각적으로 활성화되게 돕는다.
- 미술치료는 지적으로 생각하도록 돕는다.
- 미술치료는 영적으로 깊이를 가지도록 돕는다.
- 미술치료는 대인 관계적으로 교류하도록 돕는다.

청소년 미술치료 과정의 특징

청소년 미술치료는 다른 어느 대상군보다도 처음 시작할 때에 저항과 비협조적인 태도가 두드러진다. 이는 대부분의 청소년 내담자들이 자발적으로 오지 않기 때문이기도 하지만 또 다른 면에서는 미술이라는 매체가 청소년들에게 양가적으로 느껴지기 때문이기도 하다. 무슨 말이냐 하면, '미술'에 대해서 청소년들은 한편으로는 '잘하고 싶은 것, 멋진 것'으로 느끼지만 다른 한편으로는 시시한 것, 유치한 것으로 느낀다는 뜻이다. 청소년들은 멋지게 그려진 작품이나 자기들의 입맛에 맞는 작품을 보면 호들갑을 떨며 입에 침이 마르게 그 작품들을 칭송하지만 정작 자신이 그리거나 만들 수 있는 미술 표현에 대해서는 낮게 평가한다. 따라서 청소년 미술치료에서 어렵지만 가장 중요한 순간은 다름 아닌 미술 과정에 몰입하고 열심히 작업하도록 이끌어주는 것이라 할 수 있다.

일단 미술 작업이 시작되어 발동이 걸리고 나면, 청소년들은 다른 어떤 대상군보다도 풍성한 결과를 생성해낸다. 의미 있는 작품을 만들어내고, 자신의 진솔한 모습을 꺼내 보이며 차마 말하지 못했던 속 이야기들을 폭포수처럼 쏟아낸다. 어쨌든 중요한 것은 미술 작업을 시작하도록 하는 것이다.

원활한 미술 작업을 유도하기 위해 가장 먼저 수용하고 다루어야 할 쟁점은 다름 아닌 '저항'이다. 치료실 문을 열고 들어올 때부터 이미 청소년들은 삐딱하다. (아니면 주눅 들었지만 마지못해 들어온다는 것을 역력히 보여준다.) 청소년 미술치료에서 고비는 처음 미술치료실에 들어서는 그 몇 분간의 순간일 때가 많다. 라포(치료사와 내담자 간의 치료적 관계에 의한 신뢰감) 형성과 분위기 촉진이 짧은 시간 내에 잘 이루어져야 하는 것은 말할 것도 없다. 청소년들은 단 한 번의 눈 맞춤이나 한두 마디 말로 상대를 단정 지어버리고 마음에서 포기하는 경우가 왕왕 있다.

두 번째 특징으로는 청소년이 다른 연령대보다 상상력이 더 풍부하고, 왜곡되거나 비틀어진 이미지를 표현하는 데 있어 과감하다는 점을 들 수 있다. 가끔 성인이나 아동도 극도로 폭력적인 이미지나 파괴적인 이미지를 그리는 경우가 있다. 하지만 청소년의 작품에서는 그런 이미지가 훨씬 더 강렬하고, 또 흔하게 나타난다.

　세 번째 특징으로는 청소년은 메시지가 강한 작품을 만든다는 점이다. 자신이 만든 것에 추상적인 의미와 이야기를 부여하는 정도에 있어서 청소년은 단연코 어느 연령대보다 앞선다. 청소년기라는 발달적 특성과도 관련이 있는 것인데, 추상적 사고가 급격하게 팽창하는 시기이므로 자신의 미술 작업에 대해서도 의미 부여하기를 즐긴다.

　다음 장에 나오는 그림은 지금 설명한 청소년 미술치료의 특징을 단적으로 보여주는 예이다. 이 그림은 짧은 동화를 만들고 내용 중 한 장면을 그림으로 그려보자고 했을 때 고등학교 2학년 여학생 A가 그린 것이다. A는 무표정한 얼굴로 미술치료실에 들어와서 치료사가 묻는 말에는 아주 짧은 단답형으로만 대답했다. 그러나 그림을 그릴 때에는 매우 집중했다. 그림을 완성하고 나서는 그림 아래에 이런 이야기를 적었다.

　몇 백 년 묵은 고목에는 가을쯤이면 찾아오던 파랑새가 있었다. 몇 년 동안 가을에 찾아오던 파랑새가 한동안 오지 않았다. 파랑새가 오랜만에 고목에게 와서 그동안 본 세상 이야기를 해주었다. 그 이야기를 듣던 두꺼비는 자신의 삶에 무료함을 느끼고 권태를 느껴 소원을 들어주는 바위에게 갔다. 이 모든 것을 바라보던 까마귀는 하늘을 맴돌 뿐이었다.

　A는 이 이야기 속의 까마귀가 자신이라고 했다. 그 이유는 "그냥…… 이 세계에 연루되고 싶지 않아서"라고 말했다. 그러한 내담자에게 이렇게 말해주었다.

　"이 글은 네 안에서 나온 것이기 때문에 네 마음을 드러내는 게 아닐까

"이 모든 것을 바라보던 까마귀는 하늘을 맴돌 뿐이었다."

싶구나. 그런데, 연루되고 싶지 않아서 까마귀를 선택했다니, 아마도 한발 뒤로 물러나고 싶은 마음을 표현한 것이 아닌가 싶은데."

　그래도 까마귀가 모든 것을 보고 있다는 점에서 자신의 상황이나 상태를 지켜보고 있음을 짐작할 수 있었다. 까마귀가 무엇을 보았는지, 어떻게 느끼고 생각하는지 하는 점은 앞으로 들어야 할 숙제가 될 것이다. 어쨌든 말을 거의 하지 않고 묻는 말에만 단답형으로만 대답하던 모습에 비해, 그림은 A의 마음과 상황에 대해 많은 이야기를 전해주었다.

청소년 내담자의 치료적 이슈

가장 큰 치료 이슈는 적응의 문제이다. 청소년이 자신에게 주어진 환경에 적응하지 못하는 것이다. 그 환경이 학교이든, 진학을 목전에 둔 상황이든, 새로 사귀게 된 친구들과의 관계이든, 바뀐 가정환경에 대한 것이든 상관없이, 어쨌든 많은 청소년은 적응의 어려움 때문에 미술치료를 받으러 오게 된다.

두 번째 큰 치료 이슈로는 대인 관계 문제를 들 수 있다. 친구 관계에서 생기는 문제들 중 대표적인 것은 '왕따'이며, 친구들 간의 갈등과 경쟁, 시기와 질투 등이 있다. 이성 문제로 인해 상담 현장을 찾는 경우도 더러 있다. 그 외에 권위자와의 관계에서 문제가 생겨서 오는 경우가 있다. 이를테면 가부장적인 아버지와의 관계에서 끊임없이 삐걱거리거나, 잔소리 많은 어머니와의 관계에서 오는 답답함을 참지 못하겠다거나 하는 것이다. 부모와의 관계가 수면 아래로 잠겨 있을 경우에는 바깥에서 다른 어른과 불편한 관계가 되기도 한다. 담임교사에게 번번이 깐죽거리고 문제를 일으킨다거나, 혹은 한때 하늘처럼 우러러보며 우상시하던 어떤 어른을 이제는 두 번 다시 안 볼 것처럼 심하게 평가절하하고 욕하는 등의 일이 있다.

세 번째 치료 쟁점은 감정 상태에 기인한 것이다. 감정 상태를 주로 호소할 때에는 다른 문제들이 맞물려 있는 경우가 많은데, 대개 문제들이 오래된 탓에 어느 하나 때문이라고 원인을 집어서 말하기 어려울 때가 있다. 청소년들이 말하는 감정은 대체로 우울한 것일 때가 많고 강한 분노나 불안감, 무기력감도 종종 언급된다.

그리고 최근에 들어서서 사회의 다른 문제들, 예를 들어 대학 졸업생의 낮은 취업률 등과 맞물려서 양상이 조금 변화하기는 했지만, 여전히 우리나라에서 많이 발생하는 청소년의 심리적 이슈는 학업 성적에 관한 것이다. 좀 더 좋은 성적을 성취하도록 압박을 가하는 부모와의 마찰이라든가, 자신의 진로를 두고 부모나 주변 환경과 갈등을 빚는 것, 혹은 하고 싶은 것이 아무것도 없다고 말하는 청소년 등의 경우가 있다.

청소년 미술치료가 실시되는 곳

청소년 미술치료가 이루어지는 치료 환경은 학교와 복지관, 쉼터, 상담 센터, 병원을 들 수 있다.

간혹 청소년이 스스로 원해서 오기도 하지만 자발적인 청소년 내담자는 드물거나 거의 없다고 해도 과언이 아니다. 그보다는 참여 점수를 받아야 하기 때문에 온다거나 학교나 법원의 명령으로 오는 경우, 그리고 부모의 손에 끌려서 오는 경우가 대부분이다. 비자발적으로 오게 된 청소년 내담자의 첫마디는 "제가 여기 왜 왔는지 모르겠어요"이다. 무엇을 묻거나 말해보라고 하면 "몰라요"가 전부일 때도 많다.

청소년 내담자가 가진 문제나 치료 이슈에 따라 다르기는 하지만 대개 이들의 문제는 특정한 하나에 초점이 맞춰져 있지 않고 생활 전반에 걸쳐 광범위하게 영향을 주는 것일 때가 많다. 그리고 자신만의 문제라기보다는 부모를 비롯하여 친구나 중요 인물들과의 관계 문제를 함께 가지고 있다. 또한 지역사회의 문제나 사회의 구조적인 어떤 문제가 맞물린 경우도 더러 있다.

청소년 미술치료사에게 필요한 부분들

청소년 미술치료를 하기 위해서 필요한 것으로 우선 청소년기에 대한 이해와 진정 어린 공감을 들 수 있다. 그리고 청소년이 미술 작업을 할 수 있도록 초대하는 능력이 필요하며, 미술 작업 과정을 지지하고 동반자로서 함께할 수 있는 자세가 요구된다. 더불어 청소년을 대하는 유연한 대처 능력과 이들의 질풍노도 같은 모습에도 중심을 잡을 수 있는 능력 또한 요구된다.

언제 어디서 누가 하든, 미술을 한다는 것 자체는 창조적이며 새로운 것이다. 더불어 미술치료사로서 치료 회기를 이끌어가는 것도 창의적이며 예술적인 행위이다. 왜냐하면 모든 내담자는 각자 자기만의 개인 세계를 가지고 있기 때문에 미술치료사는 매번 새로운 세계와 만나고 그 세계에서 통용되는 어휘를 익히고 만들며 새로운 작업들을 일구어내기 때문이다.

미술치료가 '기발한 것'이 될 필요는 없다. 마찬가지로 이미 짜여진 '틀'을 그대로 따라가는 것—몇 개의 기법을 융통성 없이 쓴다든가 미리 계획한 프로그램만 고수한다든가 등—만으로는 미술치료를 진행하기 어려울 것이다.

미술치료는 미술 과정 자체에 큰 의미를 두기 때문에 미술치료사가 말을 꼭 많이 하지 않아도 된다. 하지만 한번 대화의 봇물이 터지면 끊임없이 이야기하는 청소년의 특성을 고려한다면, 미술치료사도 이야기를 잘 받아주고 때로 잘 이끌어갈 필요가 있다. 청소년 내담자는 말을 잘하다가도 어느 날 말도 안 하고 미술 작업도 하지 않는 날이 있다. 그런 때는 그 분위기를 읽어주고 풀어주는 '헤아림'이 필요하다.

"오늘 뭔가 안 되는 날이구나. 지쳐 보이네."

"몇 달 전 벚꽃 축제에서 봤던 불꽃놀이예요."

(뭔가 있는데 말하고 싶지 않은 듯 보이는 내담자에게) "뭔가 이야기가 있는 것 같은데, 아직 말할 때가 아닌가 봐. 그래, 언제든 이야기하고 싶을 때 말해줘."

"선생님은 들을 준비가 되어 있어."

위의 그림은 앞서 그림을 그렸던 여고생 내담자 A가 그린 작품이다. 자신의 감정을 그림으로 표현해보자는 말에 평소에는 거의 색을 사용하지 않던 A가 색깔을 사용하고 싶다고 해서 물감을 제공했다. A는 몇 달 전 벚꽃 축제에서 본 불꽃놀이가 생각난다고 하며 불꽃을 바라보는 자신을 그렸다. 밤의 풍경을 그린 모습이라 대체로 어둡고 검은색과 파란색만 사용되어 쓸쓸하거나 차가운 느낌도 든다. 벚꽃은 그리지 않았고, 불꽃도 흰색으로 표현해서 화려한 느낌은 별로 없다.

"축제라면 사람이 많았을 텐데?"라고 했더니 혼자서 보는 것을 좋아해서 사람을 한 명만 그렸다고 한다. 축제에 대비된 '혼자'의 이미지, 그리고 등진 자세, 검게 묘사된 사람 등 전체적인 분위기에 외로움도 느껴졌다.

"주변에 친구들이 많지만 정작 마음을 주고 의지하지는 않는 것 같다"라고 치료사의 느낌을 나누었더니 A는 이렇게 답했다.

"그런 모습을 자각하기는 처음인데, 음…… 정말 그래요. 말을 해도 해결되는 것도 아니고. 엄마에게도 그렇고……."

A는 친구들과 통화도 자주 하고 메신저도 많이 하지만 정작 말하는 내용은 겉도는 이야기만 한다고 했다.

"겉도는 이야기가 아닌 속 알맹이를 말한다면, 그리고 말을 하는 것이 의미를 가진다면, 어떤 이야기를 하고 싶니?"라고 미술치료사가 물었다. 그리고 그렇게 계속 진행되었다.

이렇게 이야기를 이어나갈 수 있었던 것은 미술치료라서 그렇다. 미술 작업으로 내담자가 자신의 마음 흐름에 맞게 조금씩 마음을 열 수 있기 때문이며, 작품에 드러난 느낌을 미술치료사와 공유하고 함께 느낄 수 있기 때문이고, 이 모든 작업과 과정에 공감하여 함께하며 기다려주고 지켜봐주는 미술치료사가 있기 때문이다. 이렇듯 청소년 미술치료는 때론 까다롭고 어렵지만 의미 있는 작업을 산출하는 시간이 된다.

2장

청소년의 발달과 미술 발달

———

ART THERAPY

미술치료를 받는 청소년을 이해하기 위해서는 우선 청소년의 발달심리학적 특징과 미술 표현에서의 특징을 이해해야 한다.

청소년 개개인마다 차이는 있겠지만, 청소년기에 해당하는 연령은 10세 전후에서 시작해서 20세까지 걸쳐 있다. 나라별로 청소년기에 대한 연령 정의가 약간씩 차이를 보이는데, 10대 중반에서 30세까지를 청소년기로 보는 나라도 있다. 우리나라의 경우 초등학교 고학년에서 고등학교까지, 혹은 넓게 보아서 대학 초년생까지를 청소년으로 본다. 법률에서 정한 청소년 연령을 살펴보면 다음 장의 표와 같다.

'청소년기'라는 용어가 심리적인 변화와 전반적인 성장을 기술하는 것이라면, '사춘기'는 청소년기를 생리적인 측면에서 기술할 때 주로 사용하는 용어이다. 사춘기는 호르몬 분비를 비롯한 내외부의 신체적인 변화와 더불어 이차성징이 두드러지고, 감정적인 변화와 대인 관계에서의 변화가 주된 특징으로 나타난다. 신체적인 발달이 빠르고 변화가 급격하기 때문에 외관상으로는 얼핏 성인의 느낌이 난다. 하지만 내면적인 성숙이 충분히 이루어지지 않았기 때문에 심리적으로는 미숙한 면을 많이 가지고 있는 시기이다.

청소년기를 연령에 따라 세 단계로 나누기도 하는데, 첫 번째 단계인 초기 청소년기에서 사춘기가 시작된다. 요즘은 양질의 영양 공급으로 신체 발달이 빨리 진행되어 초등학교 5학년 무렵에 사춘기를 맞이하는 경우도 드물지 않게 볼 수 있다. 초기 청소년기는 아동기와 유사한 면이 여전히 남아 있고, 후기 청소년기는 성인기와 유사해지는 면이 있다. 예를 들어 또래 집단

법률에서 제시한 청소년 연령

해당 법률	청소년의 연령 기준
청소년기본법	9세 이상 24세 이하의 자
청소년보호법*	19세 미만
소년법**	10세 이상 19세 미만
민법	만 19세로 성년(2013년 7월 시행) 부모 동의 없이 휴대전화 개통 가능, 부동산 거래 및 금융 거래 가능
미성년자보호법	청소년보호법 제정으로 폐지, 대체됨
주민등록법	만 17세 이상 주민등록증 발급
공직선거법	만 19세에 선거권 부여(2020년부터 만 18세로 하향 조정)
도로교통법	제1종 대형/특수 면허는 만 19세 이상 1종, 2종 보통/소형 면허는 만 18세 이상 2종 원동기장치자전거 면허는 만 16세 이상

• 청소년보호법은 청소년에게 유해한 매체와 약물이 유통되는 것을 막고 청소년을 보호하기 위해 만든 법
•• 소년법은 범죄를 저지른 청소년의 품행 교정을 위해 형사 처분에 관한 특별 조치를 하는 법

과 어떻게 대인 관계를 맺는지 살펴보면, 초기 청소년기에는 상호간의 유사
성에 기초하여 관계를 맺는다. 그리고 중기 청소년기에는 정서적으로 매우
강렬하고 집중적으로 관계를 맺으며 친구 관계가 모든 관계 중에서 가장 핵

연령에 따른 청소년기의 구분

구분	연령(만)
초기 청소년기	11~14세
중기 청소년기	15~17세
후기 청소년기	18~20세

심적인 지위를 차지한다. 후기 청소년기에는 관계 자체가 훨씬 더 안정적인 양상을 보이며, 친밀감도 높아지고 상호 관계가 두드러진다.

발달심리학적 특징

청소년기를 이해하는 다양한 심리 이론은 청소년기의 신체적 변화 외에 인지적, 정서적 변화 및 발달에 초점을 맞추고 있다. 대표적인 이론으로는 인지 발달에 관한 피아제Piaget의 이론, 에릭슨Erikson의 심리사회적 발달 이론 등을 들 수 있고, 미술 발달에 대한 로벤펠드Lowenfeld의 이론이 있다.

에릭슨의 발달 이론은 총 8단계로 이루어져 있고, 각 단계마다 성취해야 할 발달 과업이 있다. 그중 네 번째 단계는 학령기라고 해서 6~11세에 해당되며 근면성 대 열등감이 주요 발달 과업이다. 그다음 찾아오는 청소년기는 자아 정체감을 획득하는 것이 가장 중요한 시기이다. 물론 자아 정체감이라는 것이 비단 청소년기에만 해당되는 내용은 아니지만, 이 시기에 가장 두드러지게 형성되고 발달하는 것으로 이해할 수 있다. 에릭슨의 이론에서 청소년기는 심리·사회적인 유예기라고 본다. 영어로 'psychosocial moratorium'이라고 하는데, '모라토리움'은 전쟁이나 공황, 천재지변 등의 비상사태로 인해서 경제가 심각한 파탄 지경에 이르렀거나 커다란 변환을 겪고 있기 때문에 채무를 이행하는 것이 곤란하게 되었음을 인정해주고, 일정 기간 동안 채무의 이행을 법으로 연장시켜주는 것을 의미한다. 즉, 그만큼 청소년기는 '무엇인가 해야 되는 것을 일단 미루어둘 수 있는' 유일한 시기이다. 이 시기 동안 책임이 뒤로 미루어지므로 새로운 것을 시도해보거나 실패를 두려워하

심리 발달 및 미술 발달 이론

시기	연령(세)	이론가		
		에릭슨	피아제	로벤펠드
영아기	0~2	기본 신뢰감 Vs. 불신	감각운동기	미술 발달 단계 없음
유아기	2~4	자율성 Vs. 수치심과 자기회의	전조작기	난화기(18개월~4세)
학령전기	4~6	주도성 Vs. 죄책감		전도식기(4~7세)
아동기/학령기	6~11	근면성 Vs. 열등감	구체적 조작기	도식기 (7~9세)
				동트는 현실주의 (9~12세)
청소년기	11~20	자아 정체감 Vs. 자아 정체감 혼미		논리의 시기(12~14세)
				결정의 시기(14~17세)
성인기	20~40	친밀감 Vs. 고립	형식적 조작기	
중년기	40~65	생산성 Vs. 침체		
노년기	65~	자아 통합 Vs. 절망		

지 않고 무엇인가를 실험해볼 수 있다. 하지만 채무를 언제까지나 미뤄둘 수 는 없는 법. 이 시기가 끝날 즈음엔 정체감에 대해 어느 정도 틀이 잡혀야만 혼란스러움에서 벗어날 수 있고 자신과 미래를 건강하게 보호할 수 있다.

미술치료에서 자아 정체감을 규명하고 형성하도록 돕기 위해서는 다양한 방식과 여러 각도에서 자기 자신의 이미지와 형상을 만들어보라고 제안한 다. '나는 누구인가'에 답하기 위한 여러 가지 시도가 반드시 자신의 직접적 인 경험에서 나와야만 하는 것은 아니다. 간접적인 경험도 의미 있고, 모방 이나 흉내 내기도 의미를 가진다. 때가 되면 자기의 것으로 소화해서 더하거나 빼고 변형시켜낼 것이다. 그래서 미술치료에서는 다른 사람의 작품(집단의 경우라면 그 집단에 참여하는 다른 구성원의 작품, 개인 회기라면 사진이나 자료, 작가의 작품 등을 사용한다)을 참고하거나 모방하는 것에 대해서도 지지하고 격려한다.

피아제의 인지 이론에서 언급하는 청소년기의 가장 큰 특징은 추상적인 사고가 가능해진다라는 것이다. 구체적 조작기와 형식적 조작기를 나누는 가장 큰 차이가 바로 논리적, 추상적 사고이다. 구체적 조작기에서도 논리적 추론을 할 수 있기는 하지만 실제적인 경험에 한해서 가능하다. 그에 비해 형식적 조작기에는 구체적으로 경험하지 않는 것에 대해서도 추상적인 사고가 가능해진다. 이러한 추상적 사고 덕분에 미술치료에서 좀 더 깊이 있는 접근이 가능하다. 아동 내담자라면 승화 기제를 통해 간접적인 방식으로 자아를 강화시키는 것으로 미술치료 접근을 하지만 청소년 내담자는 다르다. 청소년 내담자는 좀 더 직접적이고 목적 지향적으로 과정을 이끌어갈 수 있다. 왜냐하면 청소년은 '자기'에 대해서 생각하고 이야기할 수 있으며 '자신의 생각'과 '감정'에 대해서도 표현하고 말할 수 있기 때문이다. 이 모든 것들은 추상적인 사고가 가능하기 때문에 이루어질 수 있다. 스스로를 돌아보는 내성적인 관찰이라든가 깨달음과 통찰은 미술심리치료Art Psychotherapy의 핵심인데, 이는 아동 내담자들에게는 제한적이거나 불가능한 것이고 청소년 내담자라야 할 수 있는 것이 된다.

한편, 추상적 사고는 청소년 내담자에게 미술치료를 실시했을 때 걸림돌처럼 작용하는 인지적 특성이 될 수도 있다. 미술치료 과정에서 청소년 내담자는 자칫 추상적인 이론이나 개념에만 매달려 '허공에 붕 뜬 이야기'나 뜬구름 잡는 소리만 할 때가 있다. 왜냐하면 추상적인 개념이나 이상적인 것에 대한 관심이 청소년기에 폭발적으로 발달하기 때문이다. 그러나 추상적인 이야기만으로 삶의 적응이나 변화를 이루어내기는 어렵다. 따라서 미술치료 과정에서 내담자로 하여금 추상적인 이야기와 지금 현재에서의 구체적인 것들 사이를 오갈 수 있도록 조율해주는 것이 필요하다.

미술 표현에서의 특징

사람은 미술 분야에서도 단계적인 발달을 보이는데, 각각의 단계마다 구분되는 뚜렷한 특징이 있다. 이러한 미술 발달은 신체적인 성장 및 심리적인 성장과도 밀접한 관련이 있으며 대체로 그림을 그리기 시작하는 생후 18개월부터 청소년기가 끝날 때까지에 걸쳐 이루어진다.

미술 발달 단계를 살펴보면, 제일 처음 난화기를 거치고 그다음 전도식기, 도식기, 그리고 현실주의에 눈뜨는 시기, 논리의 시기, 결정의 시기로 이어진다. 각 단계를 성취했다고 하더라도 심리적으로 힘들거나 퇴행하는 경우에는 예전 단계로 다시 돌아가곤 한다. 이를테면 어른스러운 그림을 그리던 청소년이라 하더라도 유아기에 그리던 그림 스타일로 그리기도 하고, 아동기에 그리던 그림 특징이 나타나곤 한다. 이러한 그림 특징에 담긴 심리적 의미를 심도 있게 이해하려면 미술 발달에서의 특징을 알고 있어야 한다.

난화기

먼저 난화기를 살펴보자. 난화기는 대략 생후 18개월 전후에 시작되는데, 그저 선을 이리저리 황칠하듯이 긋는 시기이다. 그러다가 점점 손에 힘도 생기고 더 분명하게 선을 긋게 된다. 무엇인가를 그리려고 하는 의도가 담겨 있지는 않지만, 그저 팔을 움직이는 것과 선으로 그려진 것을 즐긴다.

난화에서의 핵심은 '감각'에 관한 것인데, 그중에서 특히 '자기 자신'에 대한 감각이 중요하다. 2세 유아동의 경우 그림은 자신이 그린 대상으로서 원과 곡선을 발견하며, 그것을 그려낸 자기 자신을 발견하는 놀라운 작업이기도 하다. 존재하는 바깥세상에 유아가 만든 흔적이 생기고, 그 흔적이 유아에게 인식되는 과정인 것이다. 이 과정을 조금 다르게 표현하면, 자신에 대한 감각, 자신의 행위에 대한 인식, 행위의 결과에 대한 지각이 진행되는 것이다.

때로 청소년 내담자의 작품에서도 난화가 보인다. 감정을 표현해보라고 할 때 가끔 난화를 그리는 청소년들이 있는데, 이러한 작품은 그 자체로 치료적 가치를 가지고 있다. 우선은 표현한다는 측면에서 중요하지만 더 중요한 것은 감각을 일깨우는 것이며, 특히 자기 자신에 대해 알아가도록 돕는다는 의미에서 중요하다.

난화를 그리는 과정은 여러 가지 심리적 문제로 미술치료실을 찾은 청소년 내담자에게 꼭 필요한 것이기도 하다. 치료 과정에서 난화와 같은 작품이 청소년 내담자에게 나타나는 것은 심리적 세계에서 어떤 부분이 되돌아가서 다시금 발달하고 있는 것이며, 이러한 심리적 의미에 대해 치료사가 이해하고 내담자를 보호해주는 것이 필요하다.

주어진 세상의 조건이 무엇이든, 결국 청소년은 자신이 선택한 행위의 결과들을 책임져야 한다. 그것이 치료에서 갖게 되는 깨달음의 정수이다. 미술치료를 통해 청소년 내담자가 얻어야 할 깨달음은 이러하다.

- 행위를 하는 주체가 외부에 있는 것이 아님을 알게 되는 것이 하나이고,
- 행위의 원인을 바깥으로 돌리던 것을 줄여나가는 것이 또 다른 하나이며,
- 행위의 결과에 대한 조망을 얻는 것이 하나,
- 자기파괴적 욕구와 생산적 욕구 사이에서, 예상되는 결과가 자신의 삶의 질을 높이는 것이 되게끔 생산적 욕구 쪽에 힘을 싣는 것이 하나이다.

한편으로 재미나고 또 다른 한편으로 신기한 발견은, 어린 유아동도 그렇게 할 줄 안다는 점이다. 그리고 그러한 깨달음과 발견은 이미 만 두 살 나이에 그림을 그리면서 진행된다는 점이다.

발달론적인 시각에서 보았을 때, 청소년 내담자에게 결핍된 유아동기가 있었다면 지금이라도 그 부분을 채워주는 것이 필요할 것이다. 그런데 청소년 내담자가 두세 살 아동처럼 기어 다니거나 잼잼 놀이를 할 수 있는 것도 아닌데 어떻게 가능할까? 미술치료에서는 미술 발달에 담긴 난화를 통해 상징적으로 결핍을 채우는 시간을 가질 수 있다.

> 만약 청소년의 그림에서 보이는 발달적 특징이 아동기에 나타나는 것이라면, 그 그림에 담긴 마음도 아동기 정도로 퇴행했을 가능성을 생각해볼 수 있다. 민감한 주제이거나 자신에게 아직도 힘든 부분을 묘사할 때에는 그림에서의 표현도 이전 나이 단계로 돌아가곤 한다.

전도식기

난화기 다음 단계는 전도식기이다. 전도식기에서의 특징은 형태에 대한 탐색이 두드러진다는 것이다. 더불어 자기중심성이 두드러진다. 자기중심성이 그림에 나타나는 방식은 자신에게 중요한 순서에 따라 그림을 그리며, 크기나 위치 등 모든 것이 '나에게 얼마나 중요한가, 내가 얼마나 좋아하는가'라는 하나의 규칙을 따른다는 점이다. 청소년기에도 이러한 특징을 드러내는 내담자들이 있는데, 자기중심성에 대한 강한 욕구가 있을 때에 그러하다. 한편으로는 청소년기의 자기애적 표현Narcissistic Expression은 발달상의 필요충분조건이기도 하지만 그러한 표현에만 고착되어 있을 경우 '인정과 수용의 결핍'을 진지하게 고려해보아야 한다.

도식기

도식기는 대략 초등학교 저학년 시기에 해당된다. 그림에서 형태 개념을 분명하게 가지게 되는 때이기도 하고 '도식Schema'이라고 불리는 특정 유형의 그림을 반복해서 그리는 시기이다. 사람을 그린다면, 사람 도식이 있어서 그 도식의 형태로만 그림을 그린다. 남자를 그리든 여자를 그리든, 어른을 그리든 아이를 그리든, 그가 가진 사람 도식으로 거의 동일하게 그리는 것이다. 그 외에도 도식기에는 여러 가지 그림의 특징이 나타난다. 사물의 속이 훤히 비치는 것처럼 그리는 엑스레이 그림이라든가, 여러 개의 시점이 동시에 존재하는 작품, 바닥선이나 하늘선의 사용 등이다.

동트는 현실주의

만 9세에서 12세 정도에 해당하는 미술 발달단계는 현실적 묘사에 눈을 뜨는 시기로, 좀 더 정확하고 세밀하게 표현하고 싶어하는 시기이다. 더 구체적이고 섬세한 세부묘사를 하기 위해 애쓰며, 실제와 닮게 그리는 것에 매우 집중한다. 눈에 보이는 것을 어느 정도 그대로 옮길 수 있는가 하는 점에 치중하므로, 현실적인 묘사 능력을 높이 평가한다. 이 시기의 아동과 청소년에게는 '잘 그린다는 것'과 '현실적 묘사 능력이 좋다'는 것은 거의 동일한 말로 사용되곤 한다. '완벽하게 그리는 것'을 흠모하는 경향도 강해진다. 이전 미술 발달단계에서 보이던 패턴이라든가 도식이 사라지고, 공간의 표현도 달라진다. 공간 묘사에서 선의 개념이 아니라 면의 개념을 도입하므로, 바닥선이라든가 하늘선과 같은 선은 사라진다. 그 외에도 이 시기의 특징으로는 입체적인 묘사와 단일 시점으로 표현하는 것이 가능해진다. 그 이전에는 하나의 장면에 여러 개의 시점들이 공존한다.

간혹, 미술치료에서 '내담자에게 기술을 가르치지 말아야 한다' 내지는 '그림을 잘 그리는 것이 중요하지 않으므로 어떻게 그리든 그대로 두어야 한다'라는 말을 한다. 이러한 의견이 적합할 때도 있긴 하지만 적어도 청소년 미술치료에서는 맞지 않는 말이다. 발달론적인 시각으로 보았을 때 청소년기는 현실적인 묘사를 원하는 시기이다. 그러므로 그것이 가능하도록 기술적인 면을 계발시키고 도와주어야 한다.

우리가 여기서 말하는 것은 미술의 능력과 기술에 대한 것처럼 보이지만, 사실 단순한 미술 과업을 말하는 것이 아니라 발달 과업에 관한 것이다. 발달은 서로 연결된 사슬처럼 이어져 있고 영향을 주고받는다.

옆의 그림에서처럼 물통을 이루고 있는 나무판 하나가 짧은 경우를 생각해보자. 아무리 물을 더 담고 싶어도 유난히 낮은 나무판 쪽으로 물이 흘러나가 버릴 것이다. 즉, 물을 더 담아서 가득 채우고 싶어도 불가능할 것이다. 성장도 마찬가지이다. 한쪽이 기울어져 있으면 전체적인 성장이 저해된다. 그러한 부분은 정서적인 것이거나 인지적인 것, 신체적인 것 등 청소년들마다 다를 수

나무판 하나가 짧은 나무통

있다. 그런데 지적인 이해가 주류를 이루는 오늘날의 성취 지향적 사회에서는 아마도 감각이나 감성, 정서와 같은 영역이 발달되지 않은 부분일 수 있다. 미술을 통해 그러한 영역의 발달을 도와주어야 다른 부분의 발달과 함께 어우러질 수 있는 전인적인 성장이 가능하다.

중국 컴퓨터 시장에서 점유율 1위를 달리는 레노버의 창립자 류촨즈 회장은 '나무통에 물 담기'라는 고전적인 아이디어를 경영 이론으로 만들어 '나무통 이론'을 주장했다. 그 내용은 다음과 같다. 첫째, 가장 짧은 나무판의 길이가 담을 수 있는 물의 양을 결정한다. 둘째, 나무판과 나무판 사이에 틈이 있으면 물을 채울 수 없다. 셋째, 나뭇조각 하나가 부실할 경우 다른 나뭇조각이 아무리 튼튼해도 물이 샌다.
청소년의 발달과 성장도 이와 비슷한 맥락으로 바라볼 수 있을 것이다.

논리의 시기

그다음으로 만 12~14세 초 청소년기에 해당하는 '논리의 시기' 혹은 '거짓 자연주의 단계'라 불리는 시기가 있다. 지적인 성장이 확연히 두드러지며 이때에는 자신이 그린 그림에 대해서 상당히 비판적인 자세를 취하기 때문에, 그저 손이 가는 대로 그리지 않고 머리로 하나씩 따져가며 그리게 된다. 사춘기를 겪는 시기이므로 인물상을 묘사하더라도 여성과 남성의 신체적 차이를 반영하는 그림을 그린다. 특히 가슴이나 엉덩이, 보디라인 등 성적 특징을 과장되게 그리면서 이들이 가진 성적 관심과 호기심을 나타내기도 한다. 공간을 그릴 때에는 3차원적인 특징을 잘 살려서 원경으로 갈수록 건물의 형태가 작아지게끔 그리며 전체적인 시점을 일관되게 유지할 줄 안다.

결정의 시기

마지막으로 14~17세에 해당하는 '결정의 시기'가 있다. 이 시기의 미술이라는 것은 의식적으로 노력해서 만든 산물이다. 고등학교 학생 정도가 된 청소년들에게 미술이란 어쩔 수 없이 해야 하는 것일 때가 많고, 묘사와 기술 정도에 따라 차등적인 점수를 받는 것으로 다가온다. 어렸을 때에 별 다른 생각 없이 자연스럽게 하던 미술과는 다르게 된 것이다. 좀 더 세련된 기술을 배우고 익힐 것인가, 그리고 미술에 대해 어떤 태도를 취할 것인가 하는 점을 선택하는 시기이기도 하다. 어떤 청소년들은 자신의 진로로 미술을 택하기도 하고, 또 다른 청소년들은 진로와 상관없이 즐기는 것으로 받아들인다. 그러나 대부분의 청소년들은 미술을 자신과 관련 없는 것으로 치부해 버린다. 사실 미술은 우리가 존재하는 세계 곳곳에 편재해 있기 때문에 무시하기가 어려움에도 선입견이나 평가 때문에 자기와 상관없다고 선을 긋게 되는 것이다.

그러므로 이 '결정의 시기'에는 미술을 자신에게 조금 더 가까운 대상으로 여기고, 감정과 감각을 키우며 자기정체성을 찾아가는 데 있어서 도움이 되는 아군으로 삼는 태도가 필요하다. 그러한 결정은 장차 자신의 삶에서 더 풍요로운 경험과 태도를 일구어 나가게 도울 것이다.

3장

청소년의 문제와
치료적 이슈

———

ART THERAPY

청소년이 미술치료를 받으러 오는 것은 무엇 때문인가. 청소년도 아동이나 성인과 마찬가지로 다양한 문제를 가지고 있고, 문제의 어떤 부분은 다른 연령대와 공유하며 또 어떤 문제는 청소년기에만 국한된다.

청소년의 문제를 크게 다섯 가지 범주로 나누어서 정리하면 다음과 같다.

청소년의 문제와 특징

	문제	특징
정서	우울 불안 분노 무기력감	불안정성이나 강렬함이 종종 나타난다. 감정의 미분화
사고	이분법 혼란 자기정체성	현실을 고려하지 않은 지나친 이상주의 이중 잣대 과격한 결론
행동	행동화, 폭력, 비행 행동 자기 파괴(약물 남용, 자해, 자살) 부적응 행동(가출, 성 행동, 등교 거부)	행동의 조절이 어렵다. 충동적 행동이 많다.
관계	가족 갈등(특히 부모와의 갈등) 친구 문제 윗사람, 권위자와의 갈등 이성 문제	내 편과 네 편을 나누는 이분법적인 태도가 강하다. 이상주의적 잣대로 어른/기존 세력을 비판한다.
성취	낮은 학업 성취도 낮은 자존감 무기력감	미래 계획의 부재 근시안적 조망

정서

청소년의 정서는 기복이 있고 불안정한 상태라 하더라도 넓게 보아 정상적이다. 미술치료실에 들어온 청소년들 중에는 자신이 느끼는 강렬한 정서에 압도당한 경우도 있고, 부모와의 관계나 학교에서 벌어지는 여러 가지 일들로 인해 스트레스를 받아 정서적인 혼란을 견딜 수 없다고 호소하기도 한다. 이러한 정서 상태를 어른의 입장에서 들어보면 상당히 강력하고 심하게 혼돈스러운 것으로 느껴진다. 하지만 어떤 면에서는 청소년기의 신체적·정서적 변화에 수반되는 자연스러운 현상이기도 하다.

정서 자체만으로 문제를 삼지는 말아야 한다. 감정과 느낌은 그 자체로 좋다 나쁘다, 호불호를 평가할 수 있는 것이 아니다. 청소년이 느끼는 감정이 무엇이든, 그것에 가치와 평가를 결부시키는 것은 오히려 감정을 더 무겁고 어렵게 만들 뿐이다. 정서는 어떤 면에서 '메신저'일 뿐이다. 거기에 담긴 메시지가 무엇인지 우리가 잘 이해하지 못하기 때문에 어렵게 느껴지고 문제시되는 것이다.

이를테면 '견딜 수 없을 정도로 부모에게 미운 마음'이 든다고 했을 때, 그 마음 자체가 문제 되지는 않는다. 어쩌면 부모가 밉다는 정서는 '이제 부모에게서 조금 더 떨어져 나와서 나의 길을 가야할 때'라는 메시지를 전달하고 있는 것일 수 있다. '부모가 밉다'라는 마음의 전후 맥락을 살펴보면, 청소년이 생각하는 '어떻게 해야 한다'라는 기준이 있을 것이다. 그리고 그 기준에 부합하지 못하는 부모를 보면서 평가한 자신을 발견할 것이다. 그렇다면, 자신에게 '기준'이 생겼음을 음미해볼 수 있고, 그 기준에 비추어서 자신은 어떠한지 평가를 시도할 수 있다.

만약 정서 외에 다른 행동적 문제가 있거나 적응상의 어려움이 있다면 치료 시간 내에 정서를 더 중요하게 다루어야 한다. 청소년의 행동 문제는 대부분 강력한 정서 경험과 결부되어 있기 때문이다. 치료사에 따라서는 내담자가 경험하는 정서를 잘 이해하는 것이야말로 그 자체로 상담 목표가 된다고 보기도 한다. 치료사와 내담자가 함께 정서 체험을 살펴보다 보면, 대체로 내담자들은 자신의 정서를 세분화하지 못하고 하나로 뭉뚱그려 인식하며 감정에 사로잡힌다고 느끼고 감정과 행동 간의 관계를 불가분의 관계로 여긴다. 대체로 감정과 행동은 일정한 패턴이나 경향성을 가지고 있긴 하지만 항상 그런 것은 아니다. 예를 들어 화가 난다고 해서 무조건 공격적인 행동을 하게 되는 것은 아니다. 또한 정서가 세분화되어 있지 않을수록 자신의 정서를 행동의 원인으로 지목하게끔 된다. "그럼 기분이 안 좋은데 어떡하란 말이에요?"라든가 "미칠 것 같아서 손에 잡히는 대로 그냥 던졌어요"와 같은 식이다.

이런 청소년들에게 자신의 정서를 조금 더 세분화해서 느끼도록 돕는 것은 감정을 성숙시키는 것이기도 하고, 감정에 사로잡히기보다는 한 발짝 떨어져 나와서 관찰하는 위치로 이동하는 연습이기도 하다.

감정상의 문제를 해결하기 위해서 먼저 문제를 규명하고, 그에 맞추어서 목표를 세워야 한다.

- 자신의 감정을 아무렇게나 내지르듯이 표출하는 것과 자신의 감정을 소중하게 잘 표현하는 것은 다르다. 감정을 표현할 수 있는가?
- 감정으로 인해 어떤 행동을 하고 있는가?
- 자신의 행동과 감정 간의 관계를 알고 있는가? 감정을 느낀다고 해서 꼭 어떤 행동을 해야 하는 것은 아니다.

청소년기에 가장 많이 호소하는 감정적 문제는 우울과 분노일 것이다. 이 둘은 서로 긴밀히 연결되어 있는 것이기도 하다. 또한, 청소년 비행 문제나 파괴적 행동(이를테면 자살)도 역시 우울과 분노의 연장선상에 존재한다.

미술치료를 하다 보면, 감정을 표현하라고 요구하지 않아도 자연스럽게 감정이 표현될 때가 많다. 하지만 때로 애써서 감정을 무시하거나 꾹꾹 눌러놓고 사는 경우에는 감정을 표현하도록 물꼬를 터주는 것이 필요하다. 이를테면 그림의 주제로 "감정을 표현해보세요"라고 말하는 것이 도움이 된다. 내담자가 잘 이해하지 못하겠다는 듯이 반응하면, 색깔을 선택할 때 자기 감정을 잘 나타내주는 색이라고 느껴지는 것을 선택한다든가, 재료를 선택할 때 감정을 잘 표현해줄 것 같은 재료를 선택해보라고 설명해준다.

옆 장의 그림 a와 b는 고등학교 1학년 여학생 W가 그린 그림이다. 그림 a는 자유롭게 무엇이든 그려보자고 한 제안에 그린 것이고, b는 감정을 표현해보라는 말에 그린 그림이다. 첫 번째 그림을 보면 연필만으로 대저택을 그린 그림인데, 군데군데 자를 대고 그려서 반듯하고 경직된 느낌을 준다. 이 그림을 그린 W는 담을 더 높게 그리고 문과 건물을 더 가깝게 그리고 싶었다고 했다. 그림의 중간에 아치형으로 된 부분이 현관인데 현관이 두 개여서 분산되는 것 같아 싫다고 했다. W는 자신의 방도 방문이 두 개인데 오빠가 아무 때나 들어와서 스트레스를 받는다고 말했다. 예전에는 오빠와 사이가 매우 좋았지만 요즘은 오빠도 학교에서 적응을 잘 하지 못하고 W도 심리적인 여유가 없으니 남매가 자주 갈등을 겪는다고 한다. 그림 속 저택에는 창문도 많고 현관과 대문도 크지만, 좌우 대칭과 직선적인 선의 사용이 어딘가 모르게 경직되어 보였다. 그림의 앞쪽에 굳게 닫힌 대문이 있는 것도 마치 W의 닫힌 마음의 문처럼 느껴졌다.

a. 경직된 느낌의 대저택

b. 그림으로 그린 내 감정

감정 표현을 더욱 다양하게 독려하기 위해서 "감정을 그림으로 그려보세요"라고 직접적으로 말했다. 그렇게 해서 나온 그림이 두 번째 작품이다. 처음에는 밝은색으로 칠하다가 점차 격하게 짙은 색으로 낙서하듯 표현했다. 그냥 뭐든 짜증이 나고 힘들다고 했다. 그러면서 아버지가 중학교 3학년 때까지도 학교 과제를 세심하게 챙겨주셨다는 말을 전했다. 때로는 갑갑하지만 평소 잘해주는 아버지께 이런 마음을 갖는 것이 죄송하다며 많이 울었다. 또한 W는 어렸을 때 할머니가 길러주셨는데, 어머니가 출근하려고 나가시는데 울면서 쫓아간 적이 있다는 이야기를 했다. 그때가 다섯 살 때쯤이었는데, 지금은 좀 창피한 이야기라 더 이상 생각하기 싫은데도 할머니께서 자꾸 그 이야기를 꺼내신다며 또 많이 울었다. 한참 울어 진정이 된 후 "요즘 할머니 건강이 안 좋아 걱정이다. 다리가 불편하시다" 등등의 이야기를 하며 자신이 우는 것에 대한 이유를 계속 붙였다. 그래서 그냥 울어도 된다고 꼭 이유를 만들지 않아도 된다고 하니 자신도 좀 그런 경향이 있는 것 같다고 했다.

두 그림을 나란히 놓고 바라보면, 마치 다른 사람이 그린 것처럼 상당한 차이가 느껴진다. 그도 그럴 것이 전반적으로 사용된 선의 성질이라든가, 색의 사용, 밀도, 표현 방식 등에 있어서 극단적으로 다르기 때문이다. 그런데 이러한 모습이 바로 청소년의 감정 문제에서 종종 부딪히는 모습이다. 청소년은 감정이 풍부하고 강렬한 시기를 경험하면서 스스로 자신의 감정에 압도되기도 하고 두려워하기도 한다. 그래서 자기 감정을 차단하기도 하고 억눌러 둔다. 그러면서 감정을 잘 표현하지 않다 보면, 나중에 감정을 표현하고 싶어도 어떻게 해야 할지 잘 모르게 되거나 서투르게 표현하게 된다.

서투른 표현은 다름이 아니라 감정 표현에서 강약을 잘 조절하지 못하는 것이다. 이를테면 한꺼번에 감정이 터져 나와서 무슨 감정인지 알아볼 수 없게 만든다. 하지만 이러한 과정을 거치면서 자신의 감정에 조금 더 관심을 기울이게 되고 표현 방법도 연습하게 되면, 이전보다 더 자연스럽고 부드럽게 감정을 나타낼 수 있게 된다.

사고

부적응 행동을 하는 청소년들과 '마침내' 말이 통해서 이야기를 나누어보면, 사고에서 과장이나 왜곡, 불균형이 심각하다는 점을 발견하게 된다. 가장 두드러진 특징 중 하나는 극단적인 이분법이다. 흑백논리적인 사고는 청소년기에 상당히 두드러진다. '조금만' 어떠해도 절대로 용납되지 않는 것으로 여긴다거나, 내 편이냐 네 편이냐를 따지고 중요하게 여기는 이면에는 흑백논리와 이분법이 있다. 같이 밥을 먹는다면 내 편, 함께하지 않았다면 배신이라는 식의 단순한 논리가 가능한 것도 이분법적 사고가 강해서 그렇다.

그 외에도 청소년이 자주 보이는 잘못된 인지적 오류는 아래 표처럼 다양한 것이 있다.

이러한 청소년들의 사고 양상은 아동기에서 성인기로 이행하는 과정에서 정도의 차이가 있을 뿐 대부분 겪는 것이기도 하다. 구체적인 사고가 추상적

여러 가지 인지적인 오류

인지적 오류	내용
흑백논리적 사고	이분법적으로 판단하는 것
감정적 추리	충분한 근거가 없는데도 막연히 그렇게 느낀다고 해서 어떤 결론을 내리는 것
과잉 일반화	한두 번의 경험으로 성급하게 결론을 내리는 것
잘못된 명명	과장된 말로 부정적인 명칭을 쓰는 것
정신적 여과	여러 가지 일 중에서 일부에만 초점을 맞추어 생각하고 결론 내리는 것
개인화	자신과 관련이 없는데도 자신과 관련이 있는 것으로 잘못 생각하는 것
의미 확대/의미 축소	사건의 의미를 실제보다 지나치게 확대하거나 지나치게 축소하는 것

인 사고로 변화하는 과정에서 시행착오를 거치면서 경험하는 것들이기 때문이다. 그러므로 여기에서 소개한 인지적 오류가 청소년에게는 대체로 정상적인 반응이라고 볼 수 있다. 하지만 다른 적응상의 문제나 행동상의 문제가 심각하다면, 미술치료를 통해 상담하면서 청소년 내담자가 자신의 생각에 대해 다른 각도로 생각하도록 길을 열어주어야 한다. 생각을 생각하는 기본적인 방법은 이러하다.

- 내 생각엔 이것이 사실이다. 그러나 그것이 반드시 기정사실은 아니다.
- 세상에는 객관적 현실도 있고 주관적 현실도 있다.
- 내 생각은 대부분 내가 세상을 보는 관점이다.
- 관점을 바꿀 수 있다.
- 관점은 여러 가지가 존재할 수 있다.

이를테면 부모의 이혼과 경제적 어려움 때문에 자신의 인생은 '끝났다'라고 하는 청소년이 있다. 그 청소년의 인생이 끝난 것은 '사실'이나 '기정사실'이 아니라 그 청소년이 느끼는 주관적 현실이다. 주관적 현실이므로 '틀렸다'라거나 '잘못 생각한 것이다'라고 할 수는 없다. 하지만 그렇다고 해서 절대적으로 그렇게 될 것이라고 볼 수도 없다.

이야기가 조금 복잡하게 들릴 수도 있는데, 초점은 두 가지이다. 하나는 청소년의 부적응적 사고를 변화시키는 것, 또 다른 하나는 기존의 생각과 사고가 그 청소년 나름대로 의미 있는 것이고 소중한 것임을 인정해주는 것이다.

청소년과의 작업에서 '생각을 바꾸는 것'은 매우 중요하다. 그리고 한편으로는 그러한 생각을 하게 된 배경과 역사를 이해하고 헤아려주는 것도 중요하다. 때로는 청소년의 생각은 진정한 의미에서 '생각'이라기보다는 자신의 '감정'을 표현하는 다른 언어인 경우가 많다.

행동상의 문제

청소년들이 보이는 행동상의 문제로 가장 두드러진 것은 각종 부적응 행동이다. 대부분 충동 조절에 문제가 있거나 폭력적이고 습관적인 면이 있는 행동들이다.

- 충동 조절의 실패
- 거친 언어 행동
- 행동화, 폭력, 비행 행동
- 자기 파괴(약물 남용, 자해, 자살)
- 부적응 행동(가출, 성 행동, 등교 거부)
- 주의력결핍 / 과잉행동장애
- 섭식 장애

행동상의 문제가 있을 때 미술치료를 하는 것은 얼핏 보면 해결책을 에둘러 가는 일처럼 보인다. 구체적인 행동 문제에 대해 처벌과 같은 소거 방법이 있으므로 더욱 그러하다. 하지만 처벌 제도만으로 사람을 바꾸기는 역부족이며, 행동의 이면에 자리한 원인을 변화시킬 필요가 있다. 그 원인 중 심리적인 면이 큰 역할을 한다면, 마음의 문제를 다루기 위해 상담과 심리치료를 할 수 있다. 그리고 청소년들이 상담 장면에서 말을 잘 하지 않지만, 미술은 좀 더 쉽고 친절하게 접근할 수 있다. 그래서 행동 문제를 가진 청소년에 대해서 미술치료를 하는 것이다.

행동 문제를 다룰 때 청소년에게 꼭 해주어야 할 말이 있다.

- 책임
- 조절
- 분리

이 세 가지이다. 행동은 결국 책임져야 한다. 법적 책임에서 어느 정도 자유로운 미성년이라 하더라도 그 '대가'는 치러야 한다. 대가가 심리적인 영향이나 시간적인 영향이라서 법적인 것보다 가벼워 보일지는 모르지만, 어쨌든 대가 없는 행동은 없다.

그리고 행동을 조절할 수 있어야 독립적인 인간으로서 품격이 갖춰진다. 조절할 수 없다면 그저 본능을 따라 사는 동물 같은 인간이 되거나, 아니면 기계적인 인간이 되는 수밖에 없다.

마지막으로, 행동과 감정을 분리하고 행동과 생각을 분리할 수 있어야 한다. 어떤 감정이 든다고 매번 행동할 수는 없는 노릇이다. 마찬가지로 부정적이거나 파괴적인 생각을 할 수 있다. 그렇다고 그 행동을 꼭 해야 하는 것은 아니다. 생각과 행동이 다른 것을 '이중적'이라고 부르지 않는다. 특히 자신을 파괴하는 행동일 경우에는 생각과 행동이 달라야만 할 것이다.

행동 문제의 이면에 자리 잡은 심리적 상태는 몇 가지 종류가 있다.

첫째는 자기 조절력의 부재이다. 행동을 조절하는 힘은 '참을 수 있고 견딜 수 있고 미룰 수 있는' 힘이다. 그것은 자아가 성숙하면서 가지게 되는 힘이기도 하다. 또한 노력이나 훈련을 통해 더 키울 수 있는 힘이다.

둘째는 강력한 감정이다. 자기 조절이 잘되지 않는 상태에서 감정에 압도당한다면 행동 문제를 일으키기가 쉬워진다. 감정에 치우친 상태에서는 충동적으로 행동하기도 쉽다.

셋째는 미래에 대한 조망이 어둡기 때문이다. 행동 문제를 지속적으로 일으키는 청소년은 그 자신의 미래에 대해서 생각하지 않는다. 기껏 미래에 대해 생각하는 경우에는 주로 부정적으로 바라본다. 하지만 그 부정적인 시각도 깊이 생각해서 나온 결론이라기보다는 현재 감정의 반영에 불과할 때가 많다. 미래에 대한 조망이 어둡거나 미래를 바라보는 시각이 짧아진다면 사람은 책임지지 않는 현재를 살게 되고, 아무렇게나 행동하면서 자신이 잃어버리는 것이 무엇인지 알지 못한다.

넷째는 자기 자신에 대한 자존감이 낮기 때문이다. 자신의 인생을 가치 있게 바라보지 않기 때문에 아무 생각 없이 마구 살게 된다.

성 행동

성 행동은 청소년을 대상으로 하는 상담실에서 드물지 않게 다루는 문제 중 하나이다. 문제가 되는 것은 다음과 같은 행동들이다.

- 상대방을 쉽게 바꾸면서 성관계를 맺는다.
- 임신 가능성에 대해 대비하지 않고, 임신과 관련해서 책임감이 없다.

이와 같은 성 행동을 보일 때, 내담자가 남자 청소년이냐 여자 청소년이냐에 따라 상담의 초점이 약간 다를 수는 있지만, 결국 중요한 것은 동일하다.

첫째, 성 행동의 결과에 대해 책임질 수 있도록 돕는 것.

둘째, 행동의 동기나 원인에 대해 이해하는 것(간혹, 부모와의 갈등이나 원한을 무책임한 성 행동으로 푸는 경우도 있다. 그러나 그 결과는 거의 항상 자신에게 손해가 된다).

셋째, 만족의 지연이나 행동의 조절력을 키우는 것.

그리고 마지막으로 더 매력적일 수 있는 자신의 면모를 계발하는 것 등이다.

비행 행동

비행 행동을 하는 청소년은 폭력, 절도, 가출, 흡연과 음주, 공공 기물 파괴 등 다양한 문제 행동을 보인다. 비행 행동은 그 정도와 지속 기간에 따라 '품행장애'라는 정신장애로 진단된다. 품행장애Conduct disorder는 사람과 동물에 대한 공격, 재산 파괴, 사기 및 절도, 중대한 규칙 위반 등 심각한 행동 양상을 보이는 것이다. 그런데, 이와 같은 문제는 겉으로 나타나기에는 '행동상의 문제'이지만 한 단계만 더 들어가 보면 부모와의 관계 문제가 심각한 경우가 많다. 그리고 오래된 원망과 우울, 좌절감이 자리 잡고 있으므로 이러한 행동 문제를 다루기 위해서는 여러 가지 방향에서 취할 수 있는 모든 치료적 접근을 동시다발적으로 진행하는 것이 좋다.

자살 행동

자살 행동은 매우 긴급한 위기 상황이다. 이런 행동을 보일 때는 정신과 병원에 입원하는 것이 가장 좋다. 24시간을 다른 사람의 관찰과 보호 아래에서 치료받으며, 그 정도가 심할 때에는 약물치료를 병행할 수 있기 때문이다. 퇴원한 이후에는 외래 치료를 받으면서 상담도 병행해야 한다. 약물치료만으로는 한계가 있기 때문이다. 자살을 생각하는 청소년을 치료하는 것은, 궁극적으로 마음에 힘이 생기도록 해주는 것이다. 환경 때문이든 자신이 겪은 사건 때문이든 좌절과 절망의 늪에서 미래를 더 이상 생각하지 못하는 청소년에게, 시간을 인내하고 현재의 환경을 딛고 일어설 수 있게끔 마음의 힘을 길러주어야 한다. 이러한 작업은 그들의 마음을 어루만지고 새로운 시각을 가지도록 하는 심리치료를 통해 가능하다. 미술치료도 그러한 방법 중 하나이다.

관계에서의 문제

미술치료실에 들어오는 청소년 내담자의 90퍼센트 이상이 자신의 부모에 대해 화가 나 있다. 그 이유는 개인마다 약간씩 차이를 보이긴 하지만 그들의 이야기를 종합해보면 도대체 부모는 이해할 수 없을 정도로 답답하고 꽉 막혔으며 알지도 못하면서 이래라저래라 하고 자신이 정작 필요로 할 때는 도움이 되지 않는 존재라는 것이다.

부모와의 관계가 불편한 청소년은 그 외의 어른과도 불편한 관계가 되기 쉽다. 학교의 교사나 선배, 여러 단체의 지도자 등 청소년의 입장에서 '어른'인 사람들과 불편한 관계가 되는 경우이다. 이렇듯 어른과 관계가 불편한 마음 이면에는 지나치게 높은, 이상화된 기준이 있다. 그 기준으로 상대방을 판단하고 평가하기 때문이다. 하지만 동일한 기준으로 자신을 평가하거나 교정하지는 않는다는 맹점이 있다.

그 외에 어른에게 어떻게 행동해야 하는지에 대한 사회적인 기술이 부족하기 때문에 문제가 발생하기도 한다. 사회 기술이 부족한 경우 어른에게서 지적받거나 부정적인 평가를 받게 되므로 그러한 경험이 쌓일 때 내면에 불안함이나 억울함, 분노가 쌓일 수 있다.

청소년은 사춘기를 겪으면서 신체적 성장이 빠른 데 비해 내면적인 성장은 아직 아동기 수준에 머무를 수 있고, 또 사회 기술과 같은 대인 관계 능력이 고르지 않게 발달했을 수 있다. 이를테면 친구들과 어떻게 사귀고 마음을 얻는지 잘 아는 청소년이 낯선 어른 앞에서는 우물쭈물하거나 쭈뼛거리고 인사조차 하지 못할 수 있다. 혹은 하급생들에게는 통솔력 있는 모습을 보여주고 세심하게 배려할 줄 알면서도 선배와의 관계에서는 사사건건 시비가 붙는 청소년도 있다. 이는 부족한 대인 관계 기술과 고르지 못한 발달이 어우러져 생기는 현상인데, 대인 관계 능력은 모방 학습을 비롯한 다방면의 배움으로 하나씩 얻을 수 있다.

가족 관계에서 어려움을 겪는 청소년은 정말 많다. 어떤 때는 미술치료실에 들어오는 모든 청소년들이 똑같은 말을 하지 않나 싶을 정도이다. 모두가 이구동성으로 "엄마가 가장 싫어요!" "엄마 때문에 못 살겠어요!"라고 말한다. 그것 참 놀라울 정도로 똑같은 이야기이다. 가족 관계에서의 어려움은 세 가지 '거'를 할 수 있어야 해결된다.

- 거절
- 거래
- 거리

이 세 가지 '거'를 성취할 수 있어야 부모에게서 심리적인 독립이 가능해진다. 거절할 줄 모르면 불만이 커지기 마련이다. 커진 불만이 말로 표현되지 않는다면 여러 가지 행동으로 나타날 것이다. 그러므로 정말로 아니라고 느끼는 경우에는 아니라고 말할 수 있어야 한다. 그리고 이 거절은 자식이나 부모 한쪽에서만 하는 것이 아니라 양쪽에서 모두 할 수 있어야 한다.

그다음 두 번째, '거래'라고 하면 부정적인 어감으로 받아들이는 경우가 많지만, 거래가 꼭 나쁜 것만은 아니다. 우리 속담에 "가는 말이 고와야 오는 말이 곱다"라는 것도 사람 관계에서 일종의 거래라고 할 수 있다. 사람 관계에서의 거래는 자신이 대접받고 싶은 대로 상대를 대접해주는 데에서 시작한다. 부모자식 관계라고 해서 한쪽이 일방적으로 모든 것을 기대할 수 있다고 보면 안 된다. 많은 청소년들이 "부모니까 당연히 이렇게 해주어야 하는 것 아닌가요?"라고 질문하지만 사실 당연한 것은 없다. 청소년들의 기대가 지나치게 높을 때에는 부모도 만족시키지 못할 뿐더러 실망만 안겨줄 것이다. 그러므로 조금 더 유연하게 부모 자식 관계를 이어 나가고자 한다면 건강한 의미에서 거래가 필요하다는 것을 기억하도록 한다.

마지막으로 성취해야 할 것은 '거리'이다. 부모와 자식이 서로 간에 거리가 없이 꼭 붙어 있어야 하는 시기가 있다. 그러다가 자식이 점점 성장하면서 부모에게서 떨어져 나오는 시기가 있다. 그런 다음 이 관계가 건강하게 되기 위해서는 '적절하고 알맞은 거리 조절하기'가 되어야 한다. 서로 데면데면하며 무시하는 '먼 거리'도 아니고, 혹은 한쪽이 다른 쪽을 조종하고 간섭하는 '들러붙은 거리'도 아니다. 서로 관심을 기울이며 관계를 맺되 어떤 면에서는 각자의 생각과 삶을 존중해줄 수 있을 만큼 떨어져 있어야 한다.

부모와의 관계에서 갈등이 있더라도 청소년들이 말하지 않는 경우가 많은

왕비를 피해 비밀의 문으로 도망가는 두 사람

데, 미술 작업을 하게 되면 훨씬 더 분명하게 표현한다. 직접적으로 가족을 그려보라고 하는 것보다는 상상이나 공상을 사용해서 그림을 그려보라고 하면 그림 속에 가족이 표현될 때가 많다. 자극 단어를 제시하고 상상해서 그림을 그리도록 하면 가족 관계에서 갈등을 겪고 있는 많은 청소년 내담자들이 자신의 어머니를 '마녀'로 표현한다.

위의 그림은 학교와 학원에서 규칙을 잘 지키지 않고(가끔 학교를 빠지기도 한다) 게임만 하며 공격적이라는 이유로 의뢰된 중학교 1학년 남학생 B가 그린 것이다. B의 부모님은 이혼을 했고 어머니가 홀로 남매를 양육해왔다. 이혼 전에 B의 아버지는 경제적인 능력이 없고 도박에 빠져 있어 좋은 아버지의 모습을 보여주지 못했다. B의 부모는 자주 싸웠고, 어머니는 아이들에게 짜증을 내며 소리를 지르고 욕설을 하기도 했다. 이혼 이후 생활고에 지친 어머니 밑에서 남매는 자주 싸웠고 그때마다 어머니께 호되게 혼나곤 했다. 어머니는 B와 대화하며 수용해주기보다는 늦은 시간에 퇴근해 주로 숙제 검사와 생활 태도를 지적만 했다. 그러다 보니 B는 어머니와 누나에 대해 미움이 컸다.

B에게 상상력을 불러일으키는 단어를 들려주고 그림을 그려보라고 했다.

"용, 성, 왕, 왕비, 왕자, 공주, 곰, 마법의 양탄자, 마술피리, 숲의 정령, 오래된 나무, 파랑새, 말하는 돌. 자, 이 단어들 중 네 개를 선택해서 그림을 그려봐. 그런데 선택한 네 개 중 하나는 너를 상징하는 것이어야 한단다. 그리고 필요하면 다른 것을 더 그려도 된단다."

B는 그림을 그린 뒤 이렇게 썼다.

옛날에 공주와 왕자가 살고 있었다. 그런데 왕비는 공주와 왕자의 결혼을 반대하며 둘을 괴롭혔다. 그래서 왕자는 마법사에게 비밀의 문을 만들어 달라고 해서 둘은 도망친다.

B는 왕비가 마법을 사용할 수 있으며 결혼에 대한 갈등은 드라마에서 자주 본 소재라고 했다. 그림을 보면 화난 표정의 왕비의 손에 "NO!"라고 적혀 있다. 왕비의 몸은 도화지의 절반 정도를 차지할 만큼 크게 표현되었다. B는 왕비가 있는 쪽과 왕자와 공주가 있는 쪽의 화면을 나누어 위협적인 왕비와의 단절을 표현했다. 큰 글씨로 'No'라고 쓴 왕비의 손에서 안 된다고 말하는 어머니, 거절하는 어머니의 이미지를 보게 된다. 그에 비해 왕자는 함께 떠나는 공주와는 손을 잡고 있다. 꼭 감은 눈 모습은 비슷하지만 이들의 태도는 사뭇 다르다. 비밀의 문이 있어서 벗어나고 싶은 B의 마음이 느껴지는 그림이다.

B에게 그림을 잘 그린다고 칭찬하자 "엄마는 제게 항상 여자애들이나 그릴 법한 그림만 그린다고 놀려요. '너 나중에 여자 될래?' 그러면서요. 그래서 화가 났고 내가 그림을 잘 그린다는 생각은 하지 못했어요"라고 했다. 여

자애 같은 그림? 음, 색깔 쓰는 것이 곱고 분홍색과 노란색 등 밝은색을 많이 사용한 점, 사람을 인형 캐릭터처럼 묘사한 것, 그림의 주제가 전쟁이나 싸움이 아니라 갈등이 있지만 관계지향적이라는 점 등을 종합하면 여자 청소년의 그림처럼 보이기도 한다. 어쨌든 B의 말로 미루어보건대 어머니는 B의 성향이나 관심을 이해하려고 하기보다는 평가절하고 비아냥거리는 부분이 있다.

청소년이 그림으로 그리고 그것을 통해 함께 문제를 정리해보는 시간을 가졌다면, 이번에는 '바꿀 수 있는 것'과 '바꿀 수 없는 것'을 나누어보자. 마음을 바꾸기 위해 가장 기본적으로 정리해야 할 사항 중에 하나가 바로 이것이다. 상황이나 관계, 사람, 조건, 환경 등 여러 가지 요인들 중에서 바꿀 수 있는 것도 있고 바꿀 수 없는 것도 있다. 건강하게 살아가기 위해서 기억해야 할 것은 '바꿀 수 있는 것은 바꾸고, 바꿀 수 없는 것은 받아들이기'이다.

- 누구의 자식으로 태어났는가 하는 것은 바꿀 수 없다.
- 마음에 들지 않는 부모도 바꿀 수 없다.
- 부모에게 영향받는 '정도'는 바꿀 수 있다. 어린 시절일수록 그 영향력은 훨씬 더 컸다. 하지만 차츰 줄어들고 있고, 앞으로도 줄어들 것이다.

관계에서의 문제를 풀어가는 것은 쉬운 일은 아니다. 하지만 그렇다고 해서 영원히 풀리지 않는 문제도 아니다. 중요한 것은 청소년기에 관계 때문에 자신의 미래를 망치지 않도록 돕고, 청소년으로 하여금 마음의 힘을 키워가도록 돕는 것이다.

성취에서의 문제

청소년기에 성취해야 할 것은 무엇보다도 자아 정체감일 것이다. 그리고 이 것과 관련된 것으로 자존감이 있으며, 대부분의 청소년이 학업에 매진하고 있음을 고려할 때 '학업 성취도' 역시 성취에서 주된 척도가 된다. 요즘은 가 치관도 바뀌고 사회도 변화해서 1980~90년대처럼 학벌을 중요시하지는 않 지만, 여전히 학업 성취도가 낮으면 부모 자녀 간의 갈등 원인이 되곤 한다.

학업 성취도 문제로 갈등을 빚을 때에는 우선 청소년과 부모의 입장 및 기대를 분명하게 확인한 뒤 목표를 조정해서 합의하도록 한다. 그런 다음, 전체 목표를 향해서 소규모 단위의 목표를 하나씩 성취할 수 있도록 돕는 다. 그 과정에서는 '선택과 집중'이 중요하다.

자존감의 문제는 단순히 심리적인 변화만을 추구해서는 달라지기 어렵 다. 말하자면, 아무것도 없는 진공상태에서 자존감이 상승하기란 불가능한 일이다. 무엇인가에서 만족스럽고 성취한 경험이 있어야 한다. 사람마다 만 족이나 성취를 바라는 분야가 다를 수 있지만, 그러한 경험 없이 그저 자 존감이 높아지기란 어려운 일이다. 특히 청소년기는 자기 자신에 대해 정체 성을 찾아가면서 끊임없이 외부와 자신을 비교하는 과정을 겪는다. 외부가 하나의 준거 틀로 작용하기 때문에 어쩔 수 없이 겪어야 하는 과정이다. 그 래서 청소년기의 자존감은 그 청소년이 준거 틀로 생각하는 개인이나 집단, 평가 기준에서 인정받은 것으로 스스로 느껴야 자존감이 올라갈 수 있다.

무기력감의 문제는 정서나 행동과도 밀접한 관련이 있을 것이다. 여러 해 에 걸친 오래된 문제로서 부모와의 관계에 따른 문제도 있을 가능성이 높다. 그러므로 무기력감은 해당 청소년의 입장에서는 총체적인 문제일 것이다. 따라서 청소년의 생활 습관과 환경에 대한 면밀한 이해와 평가가 필요하다.

미술치료에서 사용하는 방법 중에, '손가락 하나 까딱할 힘조차 없는' 상태의 내담자에게는 이미지만 상상할 수 있게 보여주거나 들려준다. 그림 그리기도 귀찮고 말하기도 싫은 상태이므로 자꾸 이런저런 것을 요청해봤자, 그저 또 다른 유형의 숙제처럼 다가갈 뿐이다.

어디서부터 시작해야 할지 감이 잡히지 않을 때에는 이미지를 떠올리는 것에서 시작할 수 있다. 무기력하고 앞으로의 길도 모르겠고, 아무것도 싫은 청소년. 그들에게 태초의 에너지를 소개해보자. 사실 그 에너지는 어떤 형태로든 청소년들 모두 조금씩 가지고 있는 것이니까 말이다.

"○○아, 잠시 눈을 감고 선생님이 말하는 것을 떠올려보겠니?"

"에너지를 생각해보자. 에너지원이 있어."

"빅뱅이 이루어지기 전의 우주를 떠올려보자. 크나큰 우주가 만들어지기 전에 아무것도 없는 상태야. 하지만 그 안에는 앞으로 펼쳐질 큰 세계가 잠들어 있지."

이와 같이 가능성과 잠재력이 내재된 어떤 이미지를 떠올려볼 수 있다. 이러한 이미지를 서술하는 말을 눈을 감고 들어본다. 색감이 잔잔하거나 따뜻한 것, 강렬하거나 특이한 것을 눈으로 보며 경험한다.

성취를 생각할 때 잊지 말아야 할 것은 다음과 같다.

• 궁극적으로 성취는 청소년으로 하여금 자신의 인생을 자기 스스로 살아가도록 돕는 맥락에서 풀어야 할 과제이다.

- 무엇인가를 하기 위해서 1년이나 2년 정도 늦는 것은 크게 손해되는 일이 아니다.
- 청소년이 무엇인가를 진정으로 원한다면 그것을 하도록 하는 것이 결국에는 '옳은 길'이다.
- 부모 세대와 지금 청소년 세대는 여러 가지 면에서 다를 수 있고 실제로 많이 다르다.

문제 정리하기

이번 장에서는 청소년의 문제를 분야별로 나누어서 정리해보았다. 사실 미술치료실에서 만나는 청소년은 여러 가지 문제를 복합적으로 가지고 있기 때문에 어느 하나 해당되지 않는 분야는 없을 것이다. 그러나 이렇게 정리함으로써 미술치료사 자신도 이러한 문제에 대해 차분하게 바라볼 수 있는 시점을 가질 수 있을 것이다. 또한 치료실에서 내담자에게 문제를 정리해서 이야기해주는 것이 중요하다. 여러 가지 문제가 혼란스럽게 섞여 있을 때에는 도저히 풀 수 있는 방법이 보이지 않다가도, 전체적으로 정리하고 나면 해결할 수 있을 것 같은 희망이 생긴다. 더불어 청소년 내담자는 치료사가 자신의 문제를 '알아준다'라는 것으로 마음에 안도감을 느낀다. 그것은 나 혼자 아등바등 힘들어하지 않아도 되는구나, 라는 마음이기도 하고 자신의 문제를 들어주고 이해하려고 애쓰는 사람을 만남으로써 절망적이었던 상태에서 희미한 빛을 발견하는 느낌이기도 하다.

4장

미술심리검사

—

ART THERAPY

때로는 말보다도 손이 더 정직할 때가 있다. 특히 말로 설명하기 어려운 미묘한 마음이나 복잡한 생각은 감각 수준에서 더 선명하게 느껴질 때가 있다. 미술은 몸을 움직여서 만들어내는 시각적 이미지가 중심이 되는데, 이렇듯 감각 자료를 사용하는 것으로 좀 더 원초적이면서 생생한 내용을 담게 될 가능성이 많다. 심리적으로 복잡한 문제에 부딪혔거나, 인간관계에서 꼬인 실타래처럼 엉킨 문제를 풀어야 할 때라면, 머리로 생각한 답보다도 손이 가는 대로 그저 흘러나온 이미지에서 훨씬 더 도움을 받을 수 있다. 바로 그러한 이유 때문에 미술심리검사가 여전히 활발하게 이용되고 있다.

미술치료 분야가 커지면서 미술심리검사도 다양해졌다. 이전에는 A4 용지 정도의 종이에 연필과 지우개만 사용하는 그림 검사가 대부분이었다면, 이제는 파스텔이나 색 사인펜, 찰흙도 사용하고 종이의 크기도 커져서 8절이나 4절지를 사용한다. 좀 더 다양한 그림 검사들이 만들어졌기 때문에 미술치료사 입장에서는 내담자를 이해하고 평가하는 데 좋은 도구가 많이 생긴 셈이다.

미술심리검사를 통해서 청소년을 평가할 때 보편적으로 사용되는 원칙이 있다.

첫째, 가능한 한 자신의 마음을 표현하기에 편안한 상태를 만들어줄 것.

둘째, 그림의 해석은 내담자도 참여하도록 할 것.

셋째, 그림에는 문제와 약점도 드러나지만 강점도 나타나므로 이러한 면을 균형 잡히게 찾을 것.

표현하기에 편안한 상태로 만들어주기

미술심리검사를 대하는 청소년 내담자는 거의 대부분, 극단적인 두 유형으로 나뉜다. 하나는 미술심리검사를 재미있어하고 적극적으로 자신을 보여주고 싶어하는 유형이다. 이런 내담자는 자신의 마음을 알리는 데 급급해서 어떤 부분은 과장하고 어떤 부분은 빼놓는다. 미술치료사가 내담자의 의도와 욕구를 바라봐주되, 편들거나 휩쓸리지 않으면서 지지해주는 것이 필요하다.

또 다른 유형은 미술심리검사에 대해서 적대적이거나 의심의 눈초리를 가진 유형이다. "그런 걸로 뭘 알 수 있다고?"라며 시작하기도 전에 폄하하거나, "알면 어쩔 건데?"라면서 어른에게 적대적인 자세를 취하는 유형이다. 이런 청소년들은 누군가에게 자신이 평가받는 것을 싫어하며 이해받는 것에 대해서도 귀찮다고 말한다. 검사에 대해서 부정적인 상태에서는 의미 있는 결과를 얻기가 힘들다. 따라서 내담자가 심하게 거부 반응을 보이는 경우에 미술심리 평가가 급하지 않은 경우라면 그림 검사를 더 뒤로 미루어야 하고, 만약 급한 경우라면 최대한 내담자가 자신의 마음을 표현하기에 편안한 상태가 되게끔 도와주어야 한다.

청소년은 자기 또래에게는 쉽게 이야기를 털어놓지만 나이가 많은 어른들에게는 그렇게 하지 못한다. 따라서 미술심리검사를 할 때에 부드러운 분위기를 제공하면서 미술심리검사에 대한 기본적인 소개와 비밀 유지 및 한계에 대해 설명해주고 진행해야 한다.

그림 해석은 내담자와 함께하기

미술작품의 의미에 대해서 미술치료사가 혼자 판단하지 않는다. 그것을 그린 청소년 내담자에게 이야기를 들어야 한다. 물론 청소년 내담자가 자기 작품에 대해서 이야기해주지 않을 때도 있고, 혹은 치료사를 시험하듯이 일부러 작위적인 이야기를 꾸며낼 수도 있다. 하지만 미술치료사가 혼자서 독단적으로 미술작품의 의미에 대해 해석하는 것은 위험할 뿐 아니라 치료적으로 도움이 되지도 않는다. 경험이 많은 치료사 입장에서 한눈에 작품의 의미가 이해된다 하더라도 그러한 이해와 해석이 포함하지 못하는 부분도 있을 수 있다는 것을 염두에 두어야 한다. 그리고 내담자의 진술을 기다리고 귀 기울여야 한다. 때로 그림의 이미지와 내담자의 진술이 상반되듯이 보일 때가 있을 것이다. 그런 경우에는 어느 하나가 맞고 다른 것이 틀린 것이 아니라, 각각 다른 면의 진실을 전달하고 있는 것으로 이해해야 한다. 그러면서 여러 종류의 진실을 통합해서 총체적인 이해를 도모할 수 있어야 한다.

내담자의 강점 찾기

흔히 그림 검사를 하면 검사받는 내담자의 약점과 어두운 면을 많이 발견하게 된다. 크기가 작으면 위축되었다든가, 한쪽 구석에만 그리면 소심하고 불안해한다든가, 어떤 부분을 과장해서 그리거나 왜곡해서 그리면 그 부분과 관련해서 심리적인 문제가 있다든가 하는 해석을 한다. 물론 그러한 해석을 할 수 있는 근거도 있고 실제로 그러한 면도 있다.

하지만 모든 현상에는 이유가 있고, 각각의 제스처는 나름대로 그 환경에 적응하기 위한 것이었다고 볼 수 있다. 위축된 것을 다르게 바라보면 지금은 바깥 상황이 좋지 않기 때문에 에너지를 바깥으로 쏟아내기보다는 내면에서 힘을 모으며 준비하는 것으로 볼 수 있다. 날씨가 추울 때는 누구나 웅크리게 마련이다. 소심하거나 불안이 높은 것을 다르게 바라보면 조심성이 있고 신중하며 쉽게 행동하지 않는 것으로 볼 수 있다. 사람마다 안전에 대한 욕구 정도는 다르니까 그러하다. 뛰고 구르다 다치면서 크는 청소년도 있고, 잘 움직이지 않지만 신중하게 한 걸음 내딛는 청소년도 있다.

컵에 물이 반쯤 담겼을 때, 반밖에 안 남았다고 볼 수도 있고 반이나 있다고 할 수도 있는 것처럼 그림의 해석에 있어서도 상반된 해석이 가능하다는 것을 기억해야 한다.

더 나아가 그림 속의 여러 가지 특징들 중에서는 단점이나 약점을 보여주는 것도 있지만 마찬가지로 장점과 강점을 보여주는 것도 있다. 이러한 면들에 대해 두루 균형 잡힌 시각으로 바라볼 필요가 있다.

그 외에 미술심리검사를 하면서 하나의 작품으로 절대적인 평가를 하지 않는다는 점도 기억해두면 좋다. 미술치료에 참여하게 된 청소년 내담자라면, 치료 회기를 진행하면서 미술 작업에 나타나는 변화를 비교 분석하는 것이 좋다. 한 회기와 그다음 회기에 걸쳐서 변화가 나타나기도 하고, 혹은 치료 과정에서 초반부 작업과 후반부 작업 간에 차이가 두드러지기도 한다.

:: 그림이 이상해 보여도 그 자체로 문제는 아니에요~! ::

무엇보다도, 그림을 통해 문제가 무엇인지 밝히는 게 아니라는 점이다. 그림은 문제를 가진 청소년의 심리 상태를 이해하기 위해 자료로 사용하는 것이지, 그 자체가 문제를 보여주는 것은 아니다.

'문제'라고 했을 때에는 정서, 사고, 행동, 관계, 성취 등 다섯 가지 영역에서 구체적으로 어떤 것이 있어야 한다. 심리적인 상태는 그러한 문제의 이면에 있는 것이며, 심리적 상태 자체만으로 문제냐 아니냐를 이야기할 필요는 없다. 이를테면 학교생활에 잘 적응하고 친구들과도 무난하게 지내고 있는 청소년이 폭력적인 이미지의 그림을 그렸다고 해서 지레 겁먹고 이 청소년에게 어떤 문제가 있는 것은 아닌가 하고 생각할 필요는 없다.

내담자의 심리 상태가 변화했을 때 그러한 변화는 미술작품에 반영되기 마련이므로 미술작품의 변천 과정을 잘 살펴본다면 이들의 마음의 흐름을 따라갈 수 있다.

미술심리검사_ 빗속의 사람 그림 검사

빗속의 사람 그림 검사는 비가 내리는 상황에 있는 사람을 그리도록 하는 투사적 그림 검사로서 특히 스트레스와 관련된 심리적 요인을 다룬다. 빗속의 사람 그림 검사는 인물화에 '비'라는 상황이 첨가된 것뿐이지만, 그림 속 인물이 환경적인 스트레스에 어떻게 대처하는지를 시각적으로 형상화하여 보여준다. 그림에서 묘사되는 비 내리는 상황은 상징적으로 스트레스 환경을 의미하며, 인물의 옷이나 장비, 자세 등을 통해 피검자가 어떤 심리적인 자원을 가지고 있는지 살펴볼 수 있다.

먼저 빗속의 사람 그림에서 비를 어떻게 표현했는지 평가한다. 비의 양은 어떠한가? 많이 내리는 비인가, 적게 내리는 비인가? 빗줄기나 빗방울이 떨어지는 방향은 어떠한가? 바람이 부는 듯 옆으로 떨어지는가, 아니면 위에서 아래로 곧게 떨어지는가? 비바람의 강도는 어느 정도로 강한가? 이와 같은 비 묘사는 피검자가 의도하든 의도하지 않든, 본인이 지각하는 주관적 스트레스의 양을 보여주는 것으로 해석된다.

그다음 그림 속 인물이 어떤 상태로 있는지 관찰한다. 우산, 비옷, 장화 등과 같이 인물을 보호하는 장비나 물체가 있는가? 만약 이런 것이 전혀 없이 그저 비를 맞고 있다면, 무기력한 상태로 묘사된 것이므로 심리적으로 건강하지 않은 상태라고 할 수 있다. 간혹 비를 맞으며 즐거워하는 사람을 그린 경우도 있는데, 어린아이와 같은 천진난만함의 표현으로 볼 수도 있고 조심성이 적고 지루함을 견디기 싫어하며 강렬한 경험에 대한 동경이 있는 것으로 평가할 수도 있다.

그 외에 물웅덩이라든가 먹구름과 같은 환경 요소도 살펴보아야 한다. 물웅덩이는 대체로 피검자가 느끼는 오래된 스트레스 환경일 때가 많고, 먹구름 역시 강력한 스트레스를 그림에 표현한 것으로 해석된다.

빗속의 사람 그림 검사의 평가

빗속의 사람 그림 검사는 어떻게 평가할까? 몇몇 연구자들이 이 그림 검사의 채점 척도를 만들었다. 크롬Krom이나 랙의 평가 방식이 대표적인데, 그 중에서 랙 평가지표를 살펴보고자 한다. 하이디 랙Heidi S. Lack은 스트레스 점수, 자원 점수, 대처 능력 점수 등 세 가지 점수를 산출할 수 있다고 했고, 그 점수를 만드는 항목을 제시했다.•

빗속의 사람 그림처럼 채점 체계 표를 보자. S1부터 S8까지는 항목에 해당되는 것이 있으면 1점, 없으면 0점이다. S9부터 S16까지는 해당되는 아이템 수만큼 점수를 주게 된다. 예를 들어 S9에서 물웅덩이가 3개 그려졌으면

• 랙 외에 크롬도 빗속의 사람 그림 평가 방식을 제안했는데, 보호 장비와 비를 평가하는 것이 중요하다고 보았다. 보호 장비는 몇 개인지 숫자를 살펴볼 것, 그리고 비를 얼마나 크게 그렸는지, 얼마만큼 빽빽하게 그렸는지, 크기와 밀도를 평가하도록 했다.

스트레스 척도		자원 척도		대처 능력 척도	
항목	항목명	항목	항목명	항목	항목명
S1	비가 없다	R1	보호 장비가 있다	R17	나체
S2	비가 있다	R2	우산이 있다		
S3	비가 많다	R3	우산을 들고 있다	R18	신체 일부의 생략 (머리, 눈, 코, 입, 몸통, 목, 팔, 손, 손가락, 다리, 발) 이 중에서 없는 것마다 1점
S4	비의 스타일	R4	다른 보호 장비		
S5	비의 방향	R5	적절한 크기의 보호물		
S6	비가 닿았다	R6	보호 장비 이상 없음		
S7	사람이 젖었다	R7	비옷	R19	치아가 보임
S8	바람	R8	비 모자		
S9	물웅덩이	R9	장화		
S10	물웅덩이에 서 있다	R10	인물이 옷을 입고 있음		
S11	다양한 비 스타일	R11	얼굴 전체가 보임		
S12	다중 강수	R12	얼굴의 미소		
S13	번개가 친다	R13	중심에 있는 인물		
S14	번개에 맞았다	R14	인물의 크기		
S15	구름	R15	전체 인물		
S16	먹구름	R16	선의 질		
스트레스 점수 = S1~S16까지의 합		자원 점수 = (R1~R16까지의 합) – (R17~R19까지의 합)		대처 능력 점수 = 자원 점수 – 스트레스 점수	

3점이 된다. 스트레스 점수는 S1에서 S16까지 전체 점수를 더한 합이 된다.

자원 점수는 R1부터 R16점까지의 합에서 R17에서 R19까지의 합을 뺀 점수이다. 각 항목에 해당되는 것이 있다면 1점을 받고 그렇지 않으면 0점이 된다. R14는 인물의 크기인데 우산을 포함해서 인물 전체 크기가 5센티미터보다 작거나 15센티미터보다 크다면 인물 크기가 부적절하다고 보아 0점, 5~15센티미터 사이라면 1점을 준다. R15에서 사람을 머리끝부터 발끝까지 그렸고 정면을 그렸을 때 1점, 그 외에는 0점이다. R16은 선의 질이 균일하고 연속적이라면 1점, 불안정하거나 스케치 형태라면 0점이다.

스트레스 점수가 높을수록 빗속의 사람 그림에서 스트레스를 많이 표현한 것이며, 자원 점수가 높은 경우에는 스트레스를 다루는 자원이 풍부한 것으로 해석된다. 대처 능력 점수는 자원 점수에서 스트레스 점수를 뺀 것이며, 대처 능력이 어느 정도인가 가늠하게 해준다. 이러한 계산법은 크롬이 보호 장비와 스트레스 지표 간의 균형이 대처 능력을 보여주는 것이라고 주장했던 바와 유사한 방식이다.

빗속의 사람 그림 검사는 전문적인 학술 연구에서도 다수 사용되었다. 그 중 카니Carney는 121명의 청소년을 대상으로 빗속의 그림 검사와 우울증 간의 관계를 조사했고, 그림에서 보호 장비가 없다는 점과 우울증이 정적인 상관관계를 보인다는 것을 밝혔다. 즉, 비가 내리는 상황에서 보호 장비가 충분하지 않은 점은 스트레스에 대처하는 능력에서의 결핍을 의미하며 우울과도 관련이 있다고 할 수 있다.

남자 중학생 CA의 작품

CA는 빗속의 사람 그림에서 비를 많이 그린 후 고개를 수그린 채 웅크리고 있는 사람을 그렸다. 우산을 잡을 힘도 없어 보이는 사람 위로 떠 있는 우산이 비를 가려주고 있고, 그 사람의 발밑에는 물웅덩이가 있다.

이 그림을 그린 CA는 겉으로 보기에 심각한 표정이나 태도를 취하지 않

웅크린 사람과 빨간 우산

고 별 고민도 털어놓지 않아서 아주 가까운 사이가 아니면 이 학생이 힘들어한다는 것을 주변에서 알아차리기 어려웠다. 그림에 나타난 모습은 위축되고 무기력해 보이며 스트레스를 많이 받는 상태이다. CA는 이 그림을 그린 뒤, 자신이 공부를 하려고 노력하는데 생각보다 잘 안 되는 점이라든지 자신에게 실망하거나 우울한 느낌에 대해 언급했다.

앞서 소개했던 채점 체계에 따르면 이 그림은 대처 능력 점수 −4점으로 나타난다. 자원 점수에 비해 스트레스 점수가 더 큰 경우이다.

남자 고등학생 DD의 작품

다음 그림을 그린 내담자는 마르판증후군*이라는 선천성·유전성 희귀 질환을 가진 19세 남자 청소년 DD이다. 아버지는 알코올중독에 청력장애와

CA의 빗속의 사람 그림 평가 결과

스트레스 척도			자원 척도			대처 능력 척도		
항목	항목명	점수	항목	항목명	점수	항목	항목명	점수
S1	비가 없다	0	R1	보호 장비가 있다	1	R17	나체	0
S2	비가 있다	1	R2	우산이 있다	1			
S3	비가 많다	1	R3	우산을 들고 있다	0		신체 일부의 생략 (머리, 눈, 코, 입, 몸통, 목, 팔, 손, 손가락, 다리, 발) 이 중에서 없는 것 마다 1점	
S4	비의 스타일	1	R4	다른 보호 장비	0			
S5	비의 방향	0	R5	적절한 크기의 보호물	1	R18		5
S6	비가 닿았다	1	R6	보호 장비 이상 없음	1			
S7	사람이 젖었다	0	R7	비옷	0	R19	치아가 보임	0
S8	바람	0	R8	비 모자	0			
S9	물웅덩이	1	R9	장화	1			
S10	물웅덩이에 서 있다	1	R10	인물이 옷을 입고 있음	1			
S11	다양한 비 스타일	2	R11	얼굴 전체가 보임	0			
S12	다중 강수	0	R12	얼굴의 미소	0			
S13	번개가 친다	0	R13	중심에 있는 인물	1			
S14	번개에 맞았다	0	R14	인물의 크기	1			
S15	구름	0	R15	전체 인물	0			
S16	먹구름	0	R16	선의 질	1			
스트레스 점수 = 8			자원 점수 = 9 - 5 = 4			대처 능력 점수 = 4 - 8 = -4		

• 마르판증후군은 1896년 프랑스의 장 마르팡에 의해 처음 보고된 결체 조직의 질환이다. 이 질환은 신체 내 여러 장기에 이상을 초래하며, 키가 크고 거미의 다리 모양으로 긴 손가락, 발가락과 관절의 과신전, 눈의 수정체 이탈, 근시, 망막박리, 녹내장, 백내장, 심장 대동맥 확장 등이 주요 특징이다. 대략 5,000~1만 명 중 1명의 빈도로 나타난다.

우울증이 있고 어머니와 누나는 지적장애가 있는데, DD가 세 살 때 부모가 이혼하여 어머니가 자녀들을 키웠다. DD는 초등학교 시절 ADHD가 있었고, 이후 중·고등학교 때는 불을 끄면 자신의 미래가 어두워질까 봐 끄지 못하고, 책을 줄을 맞추어 몇 번이나 반복해서 꽂고, 가스 밸브도 여러 번 확인하는 등의 강박적인 행동을 보여 병원에서 검사와 치료를 받았다. 이후 약물 치료를 꾸준히 받아오다가 입시가 끝난 후 원하는 학교를 가지 못하고 군대 문제로 인해 스트레스를 많이 받아 정신과 치료와 더불어 미술치료사에게 의뢰되었다.

"저는 중간에 우두커니 서 있어요"

빗속의 사람을 그려보라고 하자, DD는 4절 도화지를 세로로 돌려서 그리기 시작했다. 하늘에서 많은 비가 내리고, 화면의 아래에 작은 사람들이 있다. 다른 사람들은 우산을 쓰고 걸어가는데, 중간 부분에 우산도 없이 우두커니 선 듯한 사람이 자기 자신이라고 한다. 실제 내담자의 큰 키와 달리 그림 속 인물은 키도 작고 약해 보인다. 그림을 다 그린 DD는 작고 못난 그림 속 인물이 자기와 닮은 것 같다며 울적해했다. 미술치료사는 그러한 표현이 변화와 성장을 위한 첫걸음이라 상처와 아픔도 드러내는 것 아니겠느냐고 격려해주었다.

이 그림의 경우 스트레스 점수는 높고 자원 점수는 마이너스가 될 만큼 낮아서 대처 능력 점수가 −9가 되었다.

DD의 빗속의 사람 그림 평가 결과

스트레스 척도			자원 척도			대처 능력 척도		
항목	항목명	점수	항목	항목명	점수	항목	항목명	점수
S1	비가 없다	0	R1	보호 장비가 있다	0	R17	나체	0
S2	비가 있다	1	R2	우산이 있다	0		신체 일부의 생략 (머리, 눈, 코, 입, 몸통, 목, 팔, 손, 손가락, 다리, 발) 이 중에서 없는 것 마다 1점	
S3	비가 많다	1	R3	우산을 들고 있다	0			
S4	비의 스타일	1	R4	다른 보호 장비	0	R18		5
S5	비의 방향	0	R5	적절한 크기의 보호물	0			
S6	비가 닿았다	0	R6	보호 장비 이상 없음	0			
S7	사람이 젖었다	1	R7	비옷	0	R19	치아가 보임	0
S8	바람	0	R8	비 모자	0			
S9	물웅덩이	0	R9	장화	0			
S10	물웅덩이에 서 있다	0	R10	인물이 옷을 입고 있음	1			
S11	다양한 비 스타일	1	R11	얼굴 전체가 보임	1			
S12	다중 강수	0	R12	얼굴의 미소	0			
S13	번개가 친다	0	R13	중심에 있는 인물	0			
S14	번개에 맞았다	0	R14	인물의 크기	0			
S15	구름	1	R15	전체 인물	1			
S16	먹구름	1	R16	선의 질	0			
스트레스 점수 = 7			자원 점수 = 3 − 5 = −2			대처 능력 점수 = −2 − 7 = −9		

남자 중학생 EF의 작품

아래 그림을 그린 중학생 EF는 말을 거의 하지 않고 위축되어 있으며 학교생활에서 문제가 되는 친구들과 어울리며 규칙을 잘 지키지 않는다는 이유로 미술치료실에 의뢰되었다. 초등학교 2학년 때 틱 장애로 약물 치료를 받은 적이 있고, 이듬해 ADHD로 진단을 받은 후 오랫동안 약물 치료를 받았다. 주 양육자는 동네 할머니였는데 "안 된다"는 말을 많이 하며 양육했고 맞벌이로 바쁜 부모도 제한을 많이 두는 방식으로 아이를 키웠다. EF는 위축된 표정으로 목소리도 작고 불분명했으며 눈도 잘 맞추지 않았다.

"빗속의 사람을 그려보자"라고 주제를 제시하자 EF는 잠시 생각하다가 그림을 그렸다. 이전 작업보다 색도 더 열심히 칠하고 묘사에도 신경을 썼다.

비가 그치기를 기다리는 아저씨

'○○은행'이라던가 '버스 정류장 표지판'이 아주 구체적이라 언제 이러한 장면을 본 적이 있느냐고 물으니 "예전에 비 왔을 때 봤어요"라고 했다. 그림 속 아저씨에 대해 몇 가지 질문을 하자, "이 아저씨는 지금 비가 그치기를 기다리고 있어요. 가족과 연락되는 사람도 없고 혼자서요"라고 한다. "그냥 그치기를 기다리고 있어요"라고 설명해준 그림 속 남자는 이마에 주름이 있고 옆에는 서류 가방이 있으며 손은 무릎에 올려놓은 모습이었는데 스스로 문제를 적극적으로 해결하기보다는 무기력한 모습이었다. 다만 정류장 지붕이 안전하다면 안전한 장치랄까.

그림을 보면 어떤 부분들은 지나칠 정도로 자세하고 세심한 묘사가 있는데, 주제와 관련된 '비'를 그리긴 했지만 눈에 잘 띄지 않을 정도이다. 첫눈에 그림을 보면, 붉고 강렬한 주위 배경은 눈에 들어오지만, 파란색으로 짧게 선을 그은 비는 잘 보이지 않는다.

두 개의 알만 있는 새 둥지

이 그림의 의미가 조금 더 분명해졌던 것은 '새 둥지' 그림에서였다. 옆의 그림은 EF가 그린 새 둥지 그림이다. 그림 속에서 새 둥지는 4절 도화지 오른편에 있는데 새장에는 외부로 통하는 문이 없다. 가운데에 가느다란 기둥이 있고 널빤지 위에 작은 둥지가 있고 그 안에 알이 두 개 있다. EF는 그림을 그릴 때 새장 창살의 간격을 매우 촘촘히 그리려고 애 쓰는 것 같았다. 새장 안에 있는 둥지의 새알들은 새알을 깨고 나와도 저 새장 밖으로 나올 방법이 없다.

EF의 빗속의 사람 그림 평가 결과

항목	스트레스 척도 항목명	점수	항목	자원 척도 항목명	점수	항목	대처 능력 척도 항목명	점수
S1	비가 없다	0	R1	보호 장비가 있다	1	R17	나체	0
S2	비가 있다	1	R2	우산이 있다	0		신체 일부의 생략 (머리, 눈, 코, 입, 몸통, 목, 팔, 손, 손가락, 다리, 발) 이 중에서 없는 것 마다 1점	
S3	비가 많다	0	R3	우산을 들고 있다	0			
S4	비의 스타일	1	R4	다른 보호 장비	1	R18		1
S5	비의 방향	0	R5	적절한 크기의 보호물	1			
S6	비가 닿았다	0	R6	보호 장비 이상 없음	1			
S7	사람이 젖었다	0	R7	비옷	0	R19	치아가 보임	0
S8	바람	0	R8	비 모자	0			
S9	물웅덩이	4	R9	장화	0			
S10	물웅덩이에 서 있다	0	R10	인물이 옷을 입고 있음	1			
S11	다양한 비 스타일	2	R11	얼굴 전체가 보임	1			
S12	다중 강수	0	R12	얼굴의 미소	0			
S13	번개가 친다	0	R13	중심에 있는 인물	1			
S14	번개에 맞았다	0	R14	인물의 크기	1			
S15	구름	0	R15	전체 인물	1			
S16	먹구름	0	R16	선의 질	1			
스트레스 점수 = 8			자원 점수 = 10 − 1 = 9			대처 능력 점수 = 9 − 8 = 1		

여고생 F의 작품

그림 a와 b는 고등학교 2학년 여학생 F의 작품이다. F는 162센티미터 정
도의 키에 긴 생머리를 한 예쁘장한 외모의 여학생이다. 3개월가량 너무 무

기력하고 우울해서 치료실에 오게 되었는데 F의 말로는 중학교 3학년 때부터 많이 힘들었다고 한다. 중학교 3학년 때는 그럭저럭 학교생활을 했는데 고등학생이 된 뒤 지각도 많이 하고 공부도 안 하며 수업시간에 잠만 잔다고 했다.

F는 이렇게 말했다. "사실 저 공부 되게 잘했어요. 앞에서 상도 많이 받고⋯⋯ 그래서 전 정말 특별한 아이라고 생각했었죠. 중학교 1학년에 가서 좀 노는 아이들과 어울렸는데 그래도 그때는 초등학교 때 공부했던 것으로 버텼어요. 그래도 내심 불안했죠. 그런데 고등학생이 되니 그게 안 되는 거예요. 공부도 너무 어렵고 정말 자신 있었던 수학 성적은 확 떨어지고⋯⋯ 그러면서 점점 자신감을 잃어갔어요. 내가 특별한 아이가 아니라는 게⋯⋯."

그러면서 소위 '노는 친구들'과 어울렸고, 담배도 피우게 되어 지금은 하루 한 갑 정도 피운다고 했다. 그리고 언젠가부터 어머니와도 이야기를 거의 안 하게 되었다고 했다. 친구들과 스마트폰으로 메신저를 하고 통화를 하는

그림 a: 위에서 내려다 본 우산

그림 b: "저는 우산을 쓴 사람이에요."

것이 유일한 기분전환인데, 통화 시간이 통제가 안 되어 통신 요금이 몇 십만 원씩 나오는 경우도 있었다고 한다. 어머니와 휴대전화 요금 문제로 싸우기도 하는 등 갈등이 커지고 있었다.

F의 첫 번째 빗속의 사람 그림 평가 결과 (그림 a)

스트레스 척도			자원 척도			대처 능력 척도		
항목	항목명	점수	항목	항목명	점수	항목	항목명	점수
S1	비가 없다	1	R1	보호 장비가 있다	1	R17	나체	1
S2	비가 있다	0	R2	우산이 있다	1			
S3	비가 많다	0	R3	우산을 들고 있다	0		신체 일부의 생략 (머리, 눈, 코, 입, 몸통, 목, 팔, 손, 손가락, 다리, 발) 이 중에서 없는 것 마다 1점	
S4	비의 스타일	0	R4	다른 보호 장비	0	R18		11
S5	비의 방향	0	R5	적절한 크기의 보호물	0			
S6	비가 닿았다		R6	보호 장비 이상 없음	1			
S7	사람이 젖었다	0	R7	비옷	0	R19	치아가 보임	0
S8	바람	0	R8	비 모자	0			
S9	물웅덩이	0	R9	장화	0			
S10	물웅덩이에 서 있다	0	R10	인물이 옷을 입고 있음	0			
S11	다양한 비 스타일	0	R11	얼굴 전체가 보임	0			
S12	다중 강수	0	R12	얼굴의 미소	0			
S13	번개가 친다	0	R13	중심에 있는 인물	0			
S14	번개에 맞았다	0	R14	인물의 크기	0			
S15	구름	0	R15	전체 인물	0			
S16	먹구름	0	R16	선의 질	0			
스트레스 점수 = 1			자원 점수 = 3 − 12 = −9			대처 능력 점수 = −9 − 1 = −10		

F의 두 번째 빗속의 사람 그림 평가 결과 (그림 b)

스트레스 척도			자원 척도			대처 능력 척도		
항목	항목명	점수	항목	항목명	점수	항목	항목명	점수
S1	비가 없다	0	R1	보호 장비가 있다	1	R17	나체	0
S2	비가 있다	1	R2	우산이 있다	1			
S3	비가 많다	0	R3	우산을 들고 있다	1		신체 일부의 생략 (머리, 눈, 코, 입, 몸통, 목, 팔, 손, 손가락, 다리, 발) 이 중에서 없는 것 마다 1점	
S4	비의 스타일	1	R4	다른 보호 장비	0	R18		10
S5	비의 방향	0	R5	적절한 크기의 보호물	1			
S6	비가 닿았다	0	R6	보호 장비 이상 없음	1			
S7	사람이 젖었다	0	R7	비옷	0	R19	치아가 보임	0
S8	바람	0	R8	비 모자	0			
S9	물웅덩이	1	R9	장화	0			
S10	물웅덩이에 서 있다	0	R10	인물이 옷을 입고 있음	0			
S11	다양한 비 스타일	1	R11	얼굴 전체가 보임	0			
S12	다중 강수	0	R12	얼굴의 미소	0			
S13	번개가 친다	0	R13	중심에 있는 인물	1			
S14	번개에 맞았다	0	R14	인물의 크기	1			
S15	구름	0	R15	전체 인물	0			
S16	먹구름	0	R16	선의 질	1			
스트레스 점수 = 4			자원 점수 = 8 - 10 = -2			대처 능력 점수 = -2 - 4 = -6		

그림 a는 미술치료 초기에 그린 작품이고 그림 b는 몇 달 뒤 그린 작품이다. 그림 a를 보면, 비 오는 날 하늘에서 아래를 본 풍경이라면서 우산만 그렸다. 마치 그리다 만 그림처럼 이 작품은 완성도가 낮아 보인다. 비도 사람

도 그려지지 않은 채, 우산만 그려진 작품. 아마도 F에게는 방어해줄 수 있는 수단이 가장 중요했던 것 같다.

이 그림을 그리면서 F가 했던 말 중에 특히 기억에 남는 것은 "사람을 잘 안 믿는다"라고 했던 것이다. 다른 아이들은 자신과 친하다고 생각하지만 자신은 그렇게 생각하지 않아 아이들이 서운해한다고도 했다.

두 번째로 다시 그린 빗속의 사람 작품(그림 b)은 이전보다 더 묘사를 했지만 여전히 위에서 바라본 풍경이고 자신은 우산을 쓴 사람이라고 했다. 배경을 보면 간판이나 벽돌, 고양이 등에 꽤 신경을 쓴 것을 볼 수 있다. 사람이 보이진 않지만, 작은 발이 우산 아래로 나와 있다. 그리고 물웅덩이 위에 떨어지는 빗방울도 볼 수 있다.

대처 능력 점수에서의 차이를 보면 처음 그림은 −10점, 두 번째 그림은 −6점으로 첫 번째 그림이 훨씬 더 건강하지 않은 것으로 나타난다. 두 번째 그림에서는 사람이 제대로 그려지지 않은 점 때문에 점수가 낮아졌는데, 향후 미술치료 과정을 통해 조금씩 더 마음이 강해지고 사람의 모습도 당당하게 나오게 되기를 기대한다.

미술심리검사_ 다리 위의 사람 그림 검사

다리 위의 사람 그림 검사는 원래 헤이스Hays와 라이언스Lyons가 '다리 그림 검사The Bridge Drawing'를 개발한 뒤 거기에 사람을 첨가한 것이다. 앞서 소개한 빗속의 사람 그림 검사는 '비'라는 자연환경을 상징적인 대상으로 사용하고 있다면, 이번에 소개할 다리 위의 사람 그림 검사는 '다리'라는 인공

물을 상징적 대상으로 활용하고 있다.

다리는 도시 생활이 익숙한 현대인들에게 친숙한 건축물이다. 개울이나 강, 바다 위에도 다리가 있다. 다리의 길이도 점점 더 늘어나서 우리나라만 하더라도 인천 국제공항이 있는 영종도에서 송도를 잇는 인천대교가 18.4킬로미터나 된다. 다리가 건설된 덕분에 이전에는 통행이 어렵던 두 지역이 시간적으로나 심리적으로 가까워진 것은 말할 나위 없다. 그림에서도 마찬가지로, 다리로 연결된 두 부분은 어떤 의미에서 상당히 다른 두 지점을 보여줄 때가 있다. 다리는 그 자체로 '연결'의 의미를 가진다. 이곳과 저곳을 연결하는 것이며, 설계와 노동이 집약된 건축물이다. 다리가 없었다면 강에 가로막혀 지나가지 못했을 것이다. 강을 건너는 것이 어렵기 때문에 한번 강을 건너가게 되면 쉽게 돌아오지 못했다. 그래서 옛말에 '이미 강을 건넜다'라는 표현이 있는 것이다. 어쨌든 다리라는 것은 서로 다른 두 지점의 연결 외에도 변화의 과정이나 선택을 상징하게 된다.

헤이스와 라이언스는 주로 청소년을 대상으로 그림 검사를 실시했다. 왜냐하면 청소년기가 변화와 적응에 민감한 시기이기 때문에 다리가 가지는 상징적 의미를 가장 잘 표현할 것이라고 보았기 때문이다. 그림의 지시문은 다음과 같다.

- 한 장소에서 다른 장소로 연결되는 다리를 그리세요.
- (다리를 건넌다고 가정하고) 화살표로 진행 방향을 표시하세요.
- 그림 속에서 당신의 위치를 점으로 표시하세요.
- 종이 뒷면에 나이와 성별을 적고, 원한다면 그림에 대해 설명을 써도 좋습니다.

헤이스 & 라이언스 평가 척도		인물 평가 척도	
항목	항목명	항목	항목명
B1	진행 방향	P1	전신상 여부
B2	인물의 위치	P2	신체 일부의 생략 머리, 눈동자가 있는 열린 눈, 코, 입, 목, 몸통, 팔, 손가락, 다리, 발 등
B3	다리 양쪽에 그린 장소		
B4	연결 부위의 견고성		
B5	상세한 강조		
B6	다리 재료	P3	인물의 크기
B7	다리 종류		
B8	다리 아래에 있는 것		
B9	시점		
B10	도화지 방향		
B11	전체적 일관성		
B12	그림에 대해 글로 쓴 것		

그림에 대한 분석은 총 12가지 변인으로 이루어진다.

B1. 진행 방향: 청소년들에게 다리를 건넌다면 진행 방향이 어떻게 되는지 화살표로 표시하라고 했더니, 정상 청소년의 75퍼센트 정도는 왼쪽에서 오른쪽 방향으로 진행한다고 했다. 20퍼센트 정도의 청소년들은 양방향으로 화살표를 그렸는데, 두 방향 모두 갈 수 있음을 보여주기 위한 표시이다.

B2. 인물의 위치: 그림에서 자신의 위치를 점으로 나타냈거나 사람으로 그렸을 때 그 위치를 보면, 출발해서 다리를 얼마만큼 지나왔는지, 그리고 앞

으로 얼마나 더 가야 하는지를 볼 수 있다. 앞으로 남은 거리는 말하자면 목표 지점까지의 거리, 혹은 문제 해결까지의 과정이라고 상징적으로 풀이할 수 있다. 대부분의 정상 청소년은 다리의 중간에 자신을 그린다.

B3. 다리 양쪽에 그린 장소: 세 번째 평가 변인은 다리 양쪽에 그린 장소이다. 이 장소는 상징적인 의미에서 피검자가 도달하고자 하는 목표를 보여주기도 한다. 그림 검사를 해보면, 구체적인 실제 지명을 사용해서 장소를 그리기도 하고, 상징적인 연결(이를테면 천국과 지옥)을 하기도 하며, 이름 없는 땅을 그리기도 한다.

B4. 연결 부위의 견고성: 다리가 땅에 얼마만큼 단단하게 연결되었는가를 평가한다. 견고하고 단단하게 연결되었는지 빈약한 연결을 보이는지, 혹은 연결되지 않았는지 등으로 평가할 수 있다.

B5. 상세한 강조: 그림에서 상세하게 그리면서 강조한 부분을 평가한다. 청소년기에는 특히 상세하게 강조함으로써 그 부분을 강조하는 시기이다. 일반적인 청소년들의 경우에는 다리 자체를 상세하게 그려서 강조하는 경향이 있다.

B6. 다리 재료: 다리가 무엇으로 만들어졌는지 살펴보는 요인이다. 강철 같은 금속류 다리, 나무로 만든 다리, 밧줄로 된 다리, 돌다리, 여러 가지 재료를 섞어서 사용한 다리, 알 수 없는 재료 등으로 나눌 수 있다. 대체로 일반적인 반응은 금속으로 된 다리이며, 간혹 나무로 된 다리라는 반응도 있다. 불안이나 긴장이 높은 내담자의 경우 밧줄로 된 다리도 종종 그리곤 한다.

B7. 다리 종류: 다리의 형태에 따라서 종류를 나눌 수 있다. 여자 청소년은 아치 모양의 다리를 많이 그렸고, 그에 비해 남자 청소년은 현수교를 많이 그렸다. 크지 않은 강을 건너는 다리는 거더교 형태가 많다. 거더교는 기둥과 대들보로 된 유형의 다리인데 우리나라 청소년의 다리 위 사람 그림에

서 종종 볼 수 있는 형태이기도 하다.

B8. 다리 아래에 있는 것: 다리 밑에 있는 것이 본질적으로 위험한 것인지 위험하지 않은 것인지를 평가한다. 대개는 물을 많이 그리는데, 물의 묘사(예를 들어 격랑이 이는 강물)나 연상이 위험한 것인 경우에는 '위험한 것'으로 볼 수 있다.

:: 다리의 종류를 알아보자 ::

현수교
미국 샌프란시스코의 금문교가 현수교이며, 우리나라에서는 남해의 남해대교, 인천의 영종대교, 부산 광안대교, 여수 이순신대교 등이 현수교이다. 주탑과 주탑 사이에 케이블이 있고, 그 케이블에 작은 케이블이 달려서 상판과 연결된다.

사장교
서울의 올림픽대교가 사장교이며, 현수교와의 차이점은 주탑에서 나온 케이블이 바로 상판에 연결된 형태라는 점이다.

아치교
활처럼 둥근 부분을 가진 다리이다. 우리나라 불국사의 청운교와 백운교, 로마의 아치형 다리가 유명하며, 여성적인 형태로 인해 여자 청소년들이 종종 그리는 다리 모양이다. 아치 형태가 상판 아래에 있는 경우도 있고 상판 위나 중간에 있는 경우도 있다.

거더교
가장 간단한 다리 형태이다. 곧고 단단한 다리가 건너야 할 곳을 가로질러 설치된 모습이다. 우리나라에서는 고속철도 교량으로 많이 사용되었다.

트러스교
삼각형 뼈대를 사용한 다리 형태이다. 한강철교, 동호대교가 대표적이다.

※그 외의 다리 종류로는 박스교, 보도교, 라멘교, 슬래브교 등이 있다.

B9. 시점: 그림의 시점이 눈높이, 위에서 내려다본 시점, 아래에서 올려다본 시점 등 세 가지로 나뉜다. 대부분은 눈높이 정도에서 바라본 것으로 그리지만, 간혹 공중에서 내려다본 모습을 그리기도 하고, 땅에서 올려다본 모습을 그리기도 한다. 전자는 '새의 시점'이라 볼 수 있고 대략 10퍼센트 정도의 그림에서 나타났다. 통제 욕구나 힘에 대한 소망을 시사하는 것이라고 볼 수 있다. 그에 비해 후자는 '벌레의 시점'이라 할 수 있고, 열등감을 나타내는 것으로 해석된다.

B10. 도화지 방향: 다리라는 주제의 특성상 도화지 방향은 대부분 가로로 긴 방향을 사용한다. 드물지만 도화지를 세로로 놓고 그리는 경우에 다리의 양쪽 끝에 아무것도 연결되지 않았거나 다리가 놓인 절벽이 높다는 것을 강조했다. 혹은 전체적인 그림 크기가 작아서 세로 방향이 되더라도 별 상관이 없는 경우도 있었다.

B11. 전체적 일관성: 그림이 전체적으로 하나의 형태가 되는지 여부를 확인한다. 그림 속 각각의 구성 요소들이 서로 어울리는지, 일관성을 가지고 있는지 평가한다. 뜬금없이 그려진 사물이 있어서 그림과 어울리지 않는다면 전체적 일관성은 낮게 평가된다.

B12. 그림에 대해 글로 쓴 것: 이 변인은 평가 요인이라기보다는 추가적인 서술에 해당된다. 그림을 그린 피검자가 자신의 그림에 대해서 쓰고 싶은 것을 쓰도록 한 것이다. 다리는 어떤 것인지, 다리가 어떤 장소 위로 지나고 있는지, 다리의 양 끝은 무엇이 연결되어 있는지 등.

남자 중학생 GI의 작품

아래 그림은 다리 위의 사람을 그려보라는 말에 그림을 그린 중학교 2학년 남학생 GI의 작품이다. 사람의 머리 꼭대기만 보이도록, 위에서 내려다보는 조망권을 가진 그림이다. 가끔 청소년들 중에는 이 그림에서처럼 위에서 아래를 내려다본 시각의 그림을 그리는 경우가 있다.

그림 속 장면은 중세 시대의 다리라고 한다. 단순하게 묘사된 사람들은 각기 포탄을 나르기도 하고 무기를 정비하며 다리에 오가는 등 여러 가지 행동을 하고 있다. 머리가 살구색으로 칠해진 사람들은 일반 시민들, 검은색은 군인이라고 한다. 성은 포탄과 무기가 잔뜩 있고 군인의 경계가 삼엄한데 이 다리 외에는 성으로 가는 문은 아무 곳도 없다고 했다. 밤이 되면 쇠로 된 문을 닫아 일반 시민들은 들어올 수 없고, '착한 사람'만 들어올 수

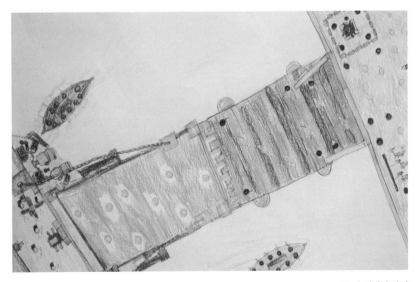

중세 시대의 다리

GI의 다리 위의 사람 그림 평가 결과

\<헤이스 & 라이언스 평가 척도\>			\<인물 평가 척도\>		
항목	항목명		항목	항목명	
B1	진행 방향	양 방향	P1	전신상 여부	막대기 모양 사람
B2	인물의 위치	다리 전체	P2	신체 일부의 생략 머리, 눈동자가 있는 열린 눈, 코, 입, 목, 몸통, 팔, 손가락, 다리, 발 등	머리와 팔을 제외한 신체 모두 생략
B3	다리 양쪽에 그린 장소	오래된 성과 성 주변	P3	인물의 크기	작음
B4	연결 부위의 견고성	견고하게 연결됨			
B5	상세한 강조	전투 준비 중인 사람들, 다리			
B6	다리 재료	돌, 나무			
B7	다리 종류	해자 다리			
B8	다리 아래에 있는 것	물 (해자)			
B9	시점	위에서 내려다 본 시점			
B10	도화지 방향	가로			
B11	전체적 일관성	일관성 유지			
B12	그림에 대해 글로 쓴 것	없음			

있다고 한다.

18세 남자 청소년 P의 작품

다음 그림을 그린 내담자는 이 책의 11장에 게임 중독 청소년의 미술치료

사례에 소개된 내담자 P이다. P는 10대 후반의 남학생으로 하루 평균 14시간 이상을 컴퓨터 게임만 하다가 부모 손에 이끌려 치료를 받으러 왔다.

P가 미술치료를 받던 도중에 여동생과 크게 다툰 적이 있었다. 그때 P가 여동생의 목을 조르기까지 했는데, 다행히 아버지가 말려 싸움이 중단되었다고 한다. 여러 가지 다른 상황들도 P에게 힘들게 작용하고 내면도 불안정하게 느껴져서 미술심리검사가 필요한 듯했다. 그래서 P에게 다리 위의 사람을 그려보자고 했다.

전체적인 풍경은 파스텔 특유의 화사한 느낌을 준다. 하지만 다리를 살펴보면, 절벽 사이에 걸쳐 있는데다가 나무판자를 노끈으로 엮은 것이라 매우 불안정해 보인다. 다리를 건너려고 해도 손잡이가 없어서 위험해 보인다. 마

나무판자를 노끈으로 엮은 절벽 위의 다리

P의 다리 위의 사람 그림 평가 결과

항목	헤이스 & 라이언스 평가 척도		항목	인물 평가 척도	
	항목명			항목명	
B1	진행 방향	없음	P1	전신상 여부	사람 없음
B2	인물의 위치	없음	P2	신체 일부의 생략 머리, 눈동자가 있는 열린 눈, 코, 입, 목, 몸통, 팔, 손가락, 다리, 발 등	사람 생략
B3	다리 양쪽에 그린 장소	나무가 있는 절벽	P3	인물의 크기	-
B4	연결 부위의 견고성	견고하지 않음			
B5	상세한 강조	주변 환경			
B6	다리 재료	밧줄, 나무			
B7	다리 종류	밧줄다리			
B8	다리 아래에 있는 것	절벽			
B9	시점	위에서 내려다 본 시점			
B10	도화지 방향	가로			
B11	전체적 일관성	일관성 유지			
B12	그림에 대해 글로 쓴 것	없음			

치 발을 딛자마자 뒤집혀 아래로 빠질 듯 보여 아무도 건너려 하지 않을 것 같았다.

그림 속에는 사람이 없다. P에게 분명 다리 위의 사람을 그리라고 했는데 P는 사람을 그리지 않았다. 아예 시작조차 하지 못한 모습. 내가 건너려고 하는 다리가 위험할 것이라 생각하고 시도조차 하지 않는 듯했다. 다리 주변의 나무는 벚꽃이 만발한 벚나무라고 했는데 나무의 분위기에 비해 다리는 외롭고 그 역할을 다하지 못해 보인다.

여동생에게 폭력적인 행동을 한 이면에 P도 위태롭고 위험한 마음이 있었던 듯하다. 감정 조절이 잘 되지 않는 것과 행동 제어가 안 되는 것을 앞으로 더 변화시켜야만 한다. 그리고 그 길은 어쩌면 나무판자로 된 다리를 건너가듯 위험하고 어려운 일인지도 모르겠다. 하지만 용기를 내는 수밖에.

남자 중학생 EF의 작품

이번 그림은 앞서 그림(85~86쪽)을 그렸던 중학교 2학년 남학생 EF의 작품이다. 그림을 그렸던 순서대로 말하면 다리 위의 사람 그림이 가장 마지막

"얼굴 표정은 그리기 싫어요."

EF의 다리 위의 사람 그림 평가 결과

헤이스 & 라이언스 평가 척도		인물 평가 척도		
항목	항목명		항목	항목명	
B1	진행 방향	좌측에서 우측	P1	전신상 여부	전신상
B2	인물의 위치	좌측	P2	신체 일부의 생략 머리, 눈동자가 있는 열린 눈, 코, 입, 목, 몸통, 팔, 손가락, 다리, 발 등	눈, 코, 입 생략
B3	다리 양쪽에 그린 장소	없음	P3	인물의 크기	작음
B4	연결 부위의 견고성	없음			
B5	상세한 강조	주변 환경			
B6	다리 재료	나무			
B7	다리 종류	아치교			
B8	다리 아래에 있는 것	강물			
B9	시점	옆에서 내려다 본 시점			
B10	도화지 방향	기울어진 가로			
B11	전체적 일관성	일관성 유지			
B12	그림에 대해 글로 쓴 것	없음			

에 그린 것이다.

EF는 이 그림을 그리기 한 주 전에 가출해서 미술치료 회기에 오지 못했다. 그리고 온 회기에서는 그림을 그리지 않고 그냥 연필로 끄적거리고 이야기를 나누다가 갔다. 그다음 회기에서 다리 위의 사람을 그려보자고 했더니 앞의 그림을 그렸다.

EF는 사람의 얼굴 표정을 그리기 싫다며 얼굴을 연필로 까맣게 칠했고 비가 내리는지 우산을 쓰고 있는 모습을 그렸다. 배경으로 물을 가득 그렸으며 나무도 몇 그루 그렸다. 다리는 튼튼해 보이나 이제 막 건너기 시작해서 언제쯤 도착하려는지 다리의 끝이 안 보여 짐작하기 어렵다. 물이 가득한 거대한 강에 비교했을 때 사람이 매우 작게 느껴진다. 여전히 배경은 크고 사람은 매우 작아 위축된 느낌이다.

5장

미술치료
과정

ART THERAPY

미술치료가 진행되는 과정에 따라 어떤 부분들에 치료적으로 개입하는지 함께 살펴보도록 하자.

인사, 라포

미술치료의 시작은 내담자가 미술치료실에 들어오면서부터이다. 부드러운 환영과 믿을 수 있는 어른의 존재가 필요한 순간이다.

첫 순간은 언제나 어렵다. 아슬아슬한 느낌을 받거나, 혹은 시작하기도 전에 진이 빠지는 느낌을 받는 것도 바로 이 순간이다.

처음부터 협조적인 태도를 보이는 청소년 내담자도 있지만, 대개는 일관되게 비협조적인 청소년이 더 많다. 청소년들마다 처한 상황도 다르고 겪고 있는 문제도 다르지만, 치료사를 경계하거나 치료실에 들어서는 것을 좋아하지 않는다는 점에서는 거의 동일하다.

그리고 이들에게는 가장 중요한 공통점이 있다. 바로, 청소년 내담자들은 '어른'과 '말로 이야기하는 것'을 좋아하지 않는다라는 것이다. 말하는 것을 좋아하는 청소년이라 하더라도 어른과 말하는 것은 좋아하지 않는다. 그리고 가족 문제가 있거나 심리적인 어려움을 겪는 청소년은 말하는 것 자체를 귀찮아하고 싫어한다.

그나마 다행인 것은 청소년들이 미술 작업은 좋아한다는 것이다. 물론 미술 작업도 싫어하는 청소년이 있다. 그런데 그런 청소년조차 다른 사람이 해서 보여주는 미술에는 흥미를 보인다. 그리고 그다음으로는 자기도 한번 해보았으면 하고 시도하곤 한다. (청소년들이 미술 작업은 흥미로워하고 재미있어하더라도, 치료실에 들어서는 순간부터 적극적으로 작업을 하지는 않는다.)

청소년 내담자들은 흔히 미술 작업이나 미술치료사에 대해 평가절하하는 말을 내뱉는다.

"이 따위를 한다고 뭐가 달라져요?"
"이런 건 어린애들이나 하는 거 아닌가요?"
"선생님도 우리 엄마랑 똑같아요."
"전 그냥 시간만 채우고 갈게요. 선생님 할 일이나 하세요."

그럼에도 불구하고 어쨌거나 미술 작업을 하게 된다면, 그 첫 번째 걸음이 치료 과정에서 중요한 순간이 될 것이다. 미술 작업의 특성상, 한번 시작하게 되면 어느 순간 빠져들게 되기 때문이다.

설명과 구조화

그다음 단계에서는 미술치료에 대해 설명하고 어떤 일을 하게 되는지, 어떤 부분을 기대하는지 명료하게 이야기를 나눈다. 우리가 왜 만났는지에 대해 이야기를 하는데, 대개는 내담자에게 먼저 말하도록 질문을 던진다.

"○○아, 미술치료를 하게 된 계기가 무엇인지 이야기해주겠니?"

이렇게 질문하면,

"몰라요."
"그냥요."
"엄마가 하라고 해서요."

이 세 마디가 가장 흔히 듣는 말이기도 하다. 이런 대답을 들으면, 청소년의 대답에 묻어 있는 마음에 공감해주는 것도 좋다. 더불어 미술치료에 대한 설명을 조금 더 하면서 구조화하는 것이 좋다.

"미술치료를 하게 되어 살짝 기분이 상한 것 같기도 하네."
"음, 그래. 어머니가 이걸 하라고 하셨구나."
"너는 어떠니? 미술치료라는 말을 들었을 때?"
"○○이처럼, 대개 처음 시작할 때 자기 이야기를 많이 해주지는 않더구나. 그리고 미술에 대해서도 약간 찜찜해하는 것 같아. 그렇지만 이 시간은 ○○이를 위한 시간이 되면 좋겠어. 선생님도 노력할게."

내담자가 계속 방어적으로 나온다면, 미술치료사 쪽에서 먼저 솔직하고 허심탄회하게 말하는 것이 도움이 된다. 어떤 부분을 알면서 짐짓 모르는 척 말을 돌리거나 청소년의 마음을 떠보듯이 이야기하는 것은 그다지 도움되지 않는다. 무엇 때문에 미술치료를 시작하게 되었는지 사건이나 정황을 알고 있으면 그것을 간략하게 말해주는 것이 좋다. 그래야 내담자도 자신의 이야기를 할 수 있는 물꼬가 트이고, 더불어 앞으로의 치료 목표를 함께 잡을 수 있게 된다.

"○○이가 학교에서 친구와 크게 싸웠다고 들었어. 어쩌면, ○○이가 자신의 답답함이나 분노를 표현하는 것 아니었을까 싶기도 하네."

이렇게 이야기를 풀어가면서, 미술치료가 어떻게 도움을 줄 수 있는지, 앞으로 어떤 일들을 하게 될 것인지에 대해 이야기를 나눈다.

구조화

구조화는 미술치료라는 상담 관계에 대해 전체적으로 설명해주면서 서로의 역할이나 기대를 선명하게 하는 것이라 할 수 있다. 마치, 여행을 떠나기 전에 앞으로 어떻게 여행이 진행될 것인지에 대해 전체적인 청사진을 제시하는 것과 유사하다.

미술치료에 대한 간략한 설명과 기대도 나누고, 구체적인 진행 조건들에 대해서도 정리한다. 시간 약속이라든가, 비밀 보장, 미술치료 과정에서의 행동 제한(물건이나 미술 재료를 부순다든가 등)을 설명해주고, 치료 회기 내에서 내담자도 치료사도 최선을 다함으로써 좋은 결과를 함께 얻자는 다짐도 말해준다. 미술치료를 하면서 무엇을 목표로 할 것인지에 대해서도 함께 이야기를 나눈다.

비밀 유지

비밀 보장에 대해서 설명하는 것은 중요하다. 다른 어떤 연령대보다도 비밀 유지와 관련해서 민감하게 반응하는 연령이 바로 청소년층이다. 청소년 내담자에게 비밀 유지는 신뢰나 라포와 동의어로 자리매김한다.

미술치료 과정에서 중요한 것을 알게 되거나 심각한 위험 요인이 등장해서 그 부분을 부모나 교사에게 알려야 한다면, 먼저 내담자에게 그러한 과정을 설명하고 동의를 구해야 한다.

"○○아, 이 문제는 선생님만 알고 덮어둘 수 있는 것이 아니야. 네가 다칠 수도 있는 것에 대해서는 주변 어른들에게 알리고 너를 보호해야 할 책임이 있단다."

가장 좋은 방법은 부모를 면담할 때 청소년 내담자도 함께 자리에 있는 것이다. 그러면 미술치료사가 어떤 이야기를 어떻게 전달하는지 청소년이 들을 수 있어서 라포가 깨어지지 않을 수 있다.

사소한 것이지만, 스케줄을 조정해야 한다거나 알려줘야 할 일이 있을 때, 부모에게 연락하기보다는 내담자에게 직접 연락해야 한다. 치료 과정에서 부모가 중간 다리 역할을 하도록 하지 말고, 치료사와 내담자가 직접 조율하거나 의견을 주고받는 것이 좋다. 어른의 눈에는 사소해 보이지만, 청소년에게는 작은 하나하나가 의미를 지닐 때가 있다. 스케줄 조정이나 시간 변경도 그러한 것 중 하나이다.

미술작품의 비밀 유지

청소년 내담자는 자신이 한 말뿐 아니라 자신이 만든 작품에 대해서도 비밀 유지를 원할 때가 많다. 어떤 내담자들은 자기 작품을 자랑스럽게 보이기를 원하고, 부모나 다른 어른들이 보더라도 싫어하지 않고 오히려 은근히 기분 좋아하기도 한다. 하지만 대부분은 자기 작품에 대해 비밀스럽게 두기를 원한다. (물론 자신이 좋아하는 몇몇 친구라든가 자신의 인터넷 세상에는 이 작품을 자랑스럽게 공개한다.) 작품을 공개해도 되는 것은 내담자가 공개에 동의했을 때 이후에야 가능하다. 치료적으로 필요하다고 판단했다 하더라도 내담자가 공개에 동의하는 것이 우선이다.

어쨌든 청소년 내담자가 만든 미술작품에 대해서도 기본적으로 비밀 유지를 해주는 것이 중요하다. 만약 그렇게 하지 못한다면, 그 내담자와의 관계가 지속되기 어려워질 수도 있다. 어른의 눈에는 '그게 뭐 그렇게까지 중요한가?' 싶을 수도 있지만, 청소년기의 특성상 이들에게는 비밀 유지가 매우 중요하고 만약 이를 어긴다면 그것은 일종의 '배반' 내지는 '배신'이 될 수 있다.

미술 과정

자, 이제 드디어 미술 작업을 하는 단계이다.

미술치료 시간에 미술은 어떤 방식으로 마음을 표현하고 변화시키는 것일까?

첫 번째로 미술이 마음에 연결되는 방식은 '이미지'이다. 어떤 이미지가 떠

오른다면 그것은 마음에서 나온 것이다. 이미지는 많은 이야기와 느낌을 전달하고, 문제의 핵심을 보여준다. 이미지는 때로 말로 표현할 수 없는 분위기를 보여주고, 설명하기 어려운 마음의 세계를 있는 그대로 보여준다. 논리적이지는 않지만, 직관적으로 이해할 수 있는 진심을 전달해주기도 한다.

두 번째로 미술이 마음에 연결되는 방식은 '외현화'라고 부를 수 있다. 이것은 바깥 세계에 나타나는 것이다. 이미지 상태에서는 아직 바깥에 나타난 것은 아니므로 이미지를 떠올린 개인만 그것을 알 수 있다. 그런데 외현화 과정을 통해 다른 사람들도 볼 수 있게 실체를 가지게 된다.

외현화는 '형체를 드러내다'라는 뜻을 가지고 있다. 외현화는 단순히 문제를 바깥에 드러내는 것 이상의 의미를 지닌다. 문제를 알아볼 수 있도록 형태를 부여하며 객관적으로 관찰해서 의미를 발견할 수 있도록 가치를 부여하는 것을 포함한다. 이러한 외현화 과정은 문제를 가진 청소년이 자기 자신의 상태와 처지를 인정하고 그것을 변화의 출발점으로 삼도록 돕는다.

문제의 외현화가 어려울 때에는, 문제 자체를 하나의 대상으로 만들어줄 수 있다. 비록 자신의 문제이지만, 그 문제에서 한 발짝 떨어져서 객관적인 시선으로 바라볼 수 있도록 해주는 것이다. 이런 질문을 할 수 있다.

"네가 겪었던 일을 의인화해보자. 만약 그게 동물이라면 어떤 동물이 될 수 있을까?"
"네가 그렇게 행동을 했을 때는, 아마도 그게 뭔가 도움이 될 거라고 믿어서였을 거야. 그렇다면, 네가 원래 생각했던 '결과'를 그려보자. 그런 다음, 실제 결과도 그려서 그 둘을 비교해보는 거야."

이와 같이 이미지와 외현화를 통해 미술이 마음을 드러내는 사례를 소개하고자 한다.

X의 사례

X는 다소 뚱뚱한 외모에 긴장한 듯 보이는 중학교 2학년 남학생이다. 미술치료사에게 항상 작은 목소리로 조심스럽게 말하곤 했다. X는 너무 소심하고 학교에서 친구들과 잘 지내지 못한다는 이유로 미술치료에 의뢰되었다. X의 아버지는 알코올중독으로 치료받고 있었고, 어머니가 학원 수업으로 가정 경제를 꾸려가고 있었다. 무뚝뚝하고 술을 많이 마시는 아버지와는 대화가 없고, 어머니는 아버지보다는 친하지만 너무 바빠서 가족 간의 대화는 거의 없다고 했다. 게다가 어느 순간 어머니와의 대화가 공부에 대한 것으로 국한되면서 더 이상 어머니와도 말하고 싶지 않다고 했다.

미술치료를 시작한 지 얼마 되지 않아 X에게 스스로 생각하는 자신에 대해 써보라고 했다. 그랬더니, X는 4절 도화지 위쪽에 아주 작은 글씨로 다음과 같이 썼다.

조종당하는 인형

소심하다-가족들의 말, 내가 충분히 할 수 있는 문제를 발표하지 못한 것. 말을 더듬거린다. 가족, 친구, 말을 할 때, 시옷, 리을, 키읔, 티읕 발음을 내기 어렵다. 자신감이 없다. 긴장을 많이 한다. 낯선 환경이 두렵다. 식은땀을 흘린다. 사람들이 툭 건드리면 놀란다.

X가 적은 내용은 대부분 불안에 관한 것이다. 그러한 자신의 모습을 이미지로 만들면 어떻게 될까? 말 대신 그림으로 자신을 나타내보자고 했다. 자기 감정이나 느낌에 초점을 맞추어 표현해도 좋다고 했다. 그랬더니 조종당하는 인형 그림을 그렸다.

그림 속의 X는 손발이 실에 연결되어 조종당하는 극 인형이었다. 그 실은 어떤 손이 잡고 있다. 그림에 대해 이야기해달라고 하자, 잠시 생각하다가 더듬거리며 "제가 너……너무 갇혀 사는 것 같아서……"라고 했다. 이 사람을 조종하는 손은 무엇을 뜻하느냐는 질문에 잠시 생각을 하더니 "이 사회……"라고 말끝을 흐렸다. 조금 더 말해달라고 했더니, "음…… 공부를 계속해야 하는 상황…… 공부를 지나치게 많이 하는 것"이라고 했다.

"이 사회……"

이와 같은 대답은 청소년들에게서 종종 들을 수 있다. 자신의 이야기를 하다가 갑자기 확대된 이야기를 한다거나 일반화시킨 주제에 대해 말한다. 자기 경험에 대해 구체적인 것을 말하지 못하고 일반화시켜서 설명한다든가, 추상적인 것으로 묘사한다.

그렇게 되면 그 사람의 전반적인 생각과 가치관을 알 수 있다는 장점이 있지만, 문제의 실체를 놓쳐버리게 되고 변화시킬 수 있는 출발점이 희미해져버린다. 그리고 문제가 '나의 것'이 된다기보다 저 멀리 어딘가로 흐지부지 사라져버리게 된다.

그래서 이야기의 핵심이 사라지지 않게끔 초점의 근접 거리를 조절해야 한다.

"조금만 더 구체적으로 말해줄래?"

미술은 원거리 작업으로 추상화, 상징화 과정이 될 때가 많으므로 내담자와 이야기를 나눌 때에 감각적이고 경험적인 부분에 적절하게 초점을 맞추어야 한다. 이를테면 작업할 때의 느낌과 경험이라든가, 지금 현재 작품을 보면서 느껴지는 것 등에 대해서 이야기를 나눔으로써 근거리-원거리 균형을 잡을 수 있다.

과자로 만든 집

　X에게 "지속적으로 질문을 하는 것은 치료사와 대화함으로써 좀 더 자기 생각을 말하는 연습을 하고 또 말을 통해서 생각을 정리하라는 의미"라고 말해주었다. X는 좀 더 큰 목소리로 "(그림이) 아주 정확하게 내 느낌을 잘 표현했다는 생각이 든다"라고 했다.

　위의 그림은 양극성 장애로 진단 받은 15세 여자 청소년의 작품이다. 작품에 나타났듯이 집의 지붕은 양면이 다른 얼굴을 하고 있다. 이 내담자는 중학교 3학년이었는데, 자신의 마음이 저렇게 오락가락한다고 말했다.

　집의 지붕을 얼굴로 만들었다고 하는 점은 흥미로웠다. 대개 지붕은 사람으로 말하면 머리에 해당되는 것이다. 행동보다 탁상공론이 강하거나, 생각

116

만 왕성하게 많은 경우에는 지붕 쪽이 강조가 되곤 한다. 그래도 어느 한쪽의 얼굴이 크거나 균형이 흐트러진 것은 아니라서 다행스럽게 느껴졌다. 내 담자는 지붕이니까 똑같이 한 것뿐이라고 했지만, 사실 다르게 하면 얼마든지 다르게 할 수도 있었을 것이다.

웃는 얼굴도 우는 얼굴도 지붕의 양면을 구성하고 있는 부분이니까 어느 하나에 너무 큰 의미를 싣지 말 것, 그리고 자신의 일부분으로 둘 다를 종합하고 인내할 것 등에 대해 이야기를 나누었다. 만약 이러한 과자로 집을 만들지 않았다면, "네 안에 두 모습이 다 있어"라는 말을 나누기가 더 어려웠을 것이다.

청소년 미술치료에서 미술 작업 단계

미술치료실에 들어온 청소년들이 처음에 치료 자체에 저항하다가, 그 마음이 약간 누그러지면서 미술 작업을 시작하게 되었다고 하자. 그런데 미술 작업을 시작하면서 또 다른 저항과 부딪히게 된다. 작업 자체에 대한 부담감이나 두려움 때문에 생기는 것인데, 청소년 미술치료가 작업 과정에서 어떤 단계를 거치면서 진행되는가에 대해 브루스 문Bruce Moon은 다음 네 단계를 제안했다.

1. 저항 단계
2. 상상 단계
3. 몰입 단계
4. 작품을 떠나보내는 단계

첫 번째 저항 단계는 미술 작업을 시작하기 전에 공백의 화면을 마주하며 느끼게 되는 일종의 자연스러운 부담감이라 할 수 있다. 어떻게 시작하지, 뭘 해야 하지, 라는 느낌으로 다가오는 무기력감, 혹은 두려움이라고도 부를 수 있다.

두 번째 상상 단계는 뭔가 그리거나 만들기 시작하면서 아이디어가 생기는 단계이다. 처음 시작은 어려웠다 하더라도 조금씩 그리게 되면서 '아, 이 다음엔 여기를 더 칠해야지'라거나 '이쪽을 조금 더 크게 만들어보면 어떨까' 등의 생각이 떠오르게 된다. 이 단계에 진입하면 청소년들은 미술치료사나 미술치료 과정에 비협조적이었던 자세를 버린다. 그들은 종종 미술치료사에게 의지하기도 하고 자문을 구하면서 자신의 작업을 진행시킨다. 치료사와 내담자 간에 든든한 라포 관계가 자리 잡는 것도 바로 이 시기가 된다.

세 번째 몰입 단계는 미술 작업이 진행되면서 그 과정에 푹 빠져서 몰두하는 단계이다. 흔히 미술 작업을 하면서 '시간 가는 줄 몰랐다'라고 부르는 단계이다. 이 단계에서 그리거나 만드는 작품의 이미지는 내담자가 경험했던 중요 사건과 감정에 대해 직접적으로 표현하는 것일 때가 많다. 아니면 은유적으로라도 자신의 경험에 대해 표현한다.

마지막으로 작업을 끝내고 서명을 하면서 작품을 떠나보내는 단계를 맞이한다.

브루스 문은 이러한 단계를 제안하면서 청소년 내담자들의 변화와 발전은 직선적인 형태로 나타나지 않고 나선형이라든가 밀물-썰물처럼 나타난다고 했다.

내담자가 작품을 만들 때 도와주어도 되는가? 이에 대해 작품의 고유성과 독창성을 중요시하는 경우 미술치료사가 도와주지 말아야 한다고 생각한다. 하지만 미술치료 시간에 만드는 작품은 미술 자체가 목적이 아니다. 그러므로 내담자가 도움을 요청하면 언제든 도와주는 것이 좋다. 설사 미술치료사의 기술이나 능력 범위 밖이라 하더라도 도와주고 함께 해결해나가도록 한다.

다음의 두 사례를 보자. 하나는 미술치료사가 그림 그리기를 도와서 같이 그렸던 경우이고, 다른 하나는 점토로 원하는 것을 만드는 방법을 미술치료사가 가르쳐준 경우이다.

미술치료사가 도와준 첫 번째 사례

다음 장의 그림은 C가 미술치료사의 도움을 받아 그린 작품이다. C는 중학교 1학년 남학생으로 수업 시간에 친구들에게 말을 걸고 장난을 심하게 친다는 이유로 여러 번 교사에게 지적받고 불려가는 일이 많아지면서 상담에 의뢰되었다. C는 작고 마른 체구에 날카로운 눈매를 가졌는데, 지루하다는 표정으로 미술치료실에 들어와서 "왜 왔는지 모르겠다"라고 말하며 비협조적인 자세로 임했다.

그림 그리기도 어려워해서 단어를 들려주고 마음에 와 닿는 것 네 개를 선택해서 이야기를 꾸며보자고 했다. 선택한 소재 중 하나는 자신을 상징하는 것이라야 하고, 만약 필요하면 다른 것을 더 넣어도 된다고 말해주었다.

'용, 성, 왕, 왕비, 왕자, 공주, 곰, 마법의 양탄자, 마술피리, 숲의 정령, 오래된 나무, 파랑새, 말하는 돌.'

C는 처음에 재미없겠다, 어렵겠다며 "어제도 너무 늦게 자서 졸려요. 학원에서 10시에 오고 이후 놀다가 12시나 1시쯤 자거든요. 학교에서는 계속 졸았어요"라고 했다.

미술치료사와 함께 그린 이야기 속 용 그림

C는 이야기 만들기를 어려워했지만 격려 끝에 다음과 같은 내용을 적었다.

옛날 옛날에 용이 살고 있었습니다. 그런데 용이 마을에 내려와서 마을을
망쳐놓았습니다. 그런데 왕이 용을 잡으면 마술피리를 준다고 했습니다.
그래서 곰이 용을 잡으러 숲으로 들어갔습니다. 곰에게는 하늘을 나는
양탄자가 있었기 때문에 용을 잡으러 갈 수 있었습니다. 왜냐하면 그 숲
은 미로처럼 되어 있어서 들어가면 나오기가 쉽지 않았기 때문입니다. 곰

은 양탄자를 타고 용을 잡으러 갔습니다. 곰은 혼자 갈 자신이 없어 친구들을 데리고 갔습니다. 친구들은 숲의 정령이었는데 숲의 정령은 나무를 다스리는 힘이 있었습니다. 그래서 용을 만났을 때 정령 덕분에 쉽게 잡을 수 있었습니다. 정령은 나무로 감옥을 만들어 용을 가둔 후 양탄자에 태워 왕에게 갔습니다. 곰은 왕에게 마술피리를 받았고 마술피리로 용을 조종하고 일을 시키면서 사과를 하고 다녔습니다.

이야기를 쓴 후 그림을 그리는데 용이 어렵다며 치료사에게 도움을 청해 함께 그림을 그리게 되었다. 용을 대략 그려주자, C는 "와 멋지네. 선생님 그림 잘 그리시네요"라며 친근하게 굴기 시작했다. 이후 색도 함께 칠하고 그림을 완성하면서 조금 더 많은 이야기를 나눌 수 있었다.

미술치료사가 도와준 두 번째 사례

내담자가 재료를 어떻게 다루어야 하는지 잘 모르기 때문에 도움이 필요한 경우도 종종 있다. 한 여자 내담자가 천사점토로 테이블과 의자를 만들었다. 누군가와 대화를 나누고 관계를 맺는 것을 상징하는 것이라고 했다. 다 만들고 나서 보니 뭔가 허전해 보였다. 테이블 위에 예쁜 찻잔을 만들면 좋겠다고 했다. 그런데 테이블과 의자의 크기를 생각하니 거기에 맞는 적당한 찻잔을 만들기가 어려웠다. 옆에서 지켜보던 필자도 어떻게 해야 할까 함께 고민을 했다. 그러다가 천사점토를 작게 떼어서 동그랗게 공으로 만든 뒤 가느다란 원통 모양의 나뭇가지로 꾹 눌러서 컵과 같은 형태를 잡아보았다. 두 번 정도 시도해서 만들었더니 모양이 나왔다. 내담자는 기뻐하며 "아, 그렇게 하면 되겠군요"라고 말하며 자신도 그렇게 해보겠노라고 했다. 그림 a는 그렇

그림 a

그림 b

게 만든 치료사의 작품이고 b는 내담자가 완성한 전체 작품이다. 테이블 위에는 치료사가 만든 컵과 내담자가 만든 컵이 모두 있다. 손과 비교해보았을 때 우리가 만든 컵의 크기가 어느 정도인지 가늠할 수 있을 것이다.

청소년 미술치료에서 미술기법과 기술은 일종의 어휘이다. 우리가 마음을 표현하고 전달하는 데 영어로 시를 쓴다고 해보자. 영어 단어가 풍부할수록 우리 마음을 표현하기에 좋을 것이다. 때로는 Happy, sad 두 단어만으로도 충분할 수 있겠지만, 다른 단어들이 더 많다면 어떨까? lonely, depressed, amused, exhausted 등 여러 가지 단어들이 추가된다면 필요에 따라 선택할 수 있으므로 표현이 더 풍부해질 것이다. 마찬가지로 미술에서의 어휘도 좀 더 풍부해지도록 미술치료사가 도와주는 것이 내담자에게 든든한 힘이 될 것이다.

사후 논의 및 감상

  이미지 중심의 미술 작업을 했을 때에 작품으로 대화하는 것이 중요한 치료 과정이 된다. 작품에서 표현된 것은 무엇인지, 작품을 만들 때 어떤 의도나 생각을 가지고 있었는지, 완성된 작품에서 새롭게 발견하거나 느끼는 것은 어떤 것인지 등에 대해 이야기를 나눌 수 있다.

  이러한 대화를 나누는 것은, 미술작품이 그것을 만든 사람의 심리 내면에 자리 잡은 내적 갈등을 표현하는 것이라 보기 때문이다. 실제로 작품을 만들고 나면, 그 작품이 촉진제가 되어 내담자는 많은 이야기를 풀어 놓게 된다.

발달장애를 가진 형이 있는 남자 청소년의 사례

  D는 중학교 2학년 남학생으로 두 살 많은 그의 형은 중증 발달장애 청소년이다. 가정에서는 D에게 신경을 써주려고 애썼지만 아무래도 장애를 가진 형으로 인해 상대적으로 소홀할 수밖에 없었다. D는 사춘기를 지나면서 말수도 적어지고, 또 스마트폰과 컴퓨터 게임을 하는 것 때문에 어머니와 지속적으로 갈등을 빚다가 미술치료를 받게 되었다.

  D는 치료실에 들어오기 전, 옆에서 말을 거는 형이 귀찮다는 듯 팔로 치고 신경질적인 모습을 보였다. 미술치료실에 들어와서는 작은 목소리로 대답하거나 간혹 혼잣말처럼 중얼거렸다.

기분을 숨기는 남자 가면

첫 회기에서 D는 그림 그리는 것을 부담스러워했다. 그래서 지점토 작업을 권했더니 그런대로 집중해서 가면을 만들었다. 완성 후 가면의 인물에 이입해 치료사의 질문에 답하기도 하고, 이내 자신의 이야기를 풀어내기도 했다.

이 가면은 남자인데, 나이는 20대 정도라고 한다. 장점은 없고, 단점은 자신의 기분을 숨기는 것이라 한다. 소심하고 미래를 위해서 그렇게 한다고. 나중에 참다 보면 좋은 일이 있을 거라고 생각한다면서 이 표정은 억지로 웃는 것이라 한다. 그리고 표정이 단순한 것이 안 좋다고 했다. 계속해서 언급하기를, 이 사람은 직장에 다니는데 친구들이나 선생님은 이 사람을 다 착하다고 보고, 이 사람도 괜찮게 지낸다. 가족은 착한 아빠(별로 화를 내지 않음), 착한 엄마(아이를 위해 뭐든 함) 그리고 이 사람 셋이다. 가족들을 좋아한다. 간섭하는 사람이 없으니 친하게 지내고 싶다고 한다. 고민은 월급인데 D가 친구로서 그에게 충고를 한다면 "그래도 포기하지 마라"라고 말해줄 것이라 한다. 월급이 많으면 무엇을 하고 싶으냐고 물으니 "월세로라도 독립하고 싶다"라고 한다.

전반적인 태도와 대답에서, D가 가진 바람과 소망이 무엇인지 느낄 수 있었다. D가 직접 자신에 대해 말한 것은 아니었지만, 언젠가 나중에 "너무 내 이야기를 한 것 같아요"라고 말했던 것처럼 가면 남자 이야기는 D의 마음을 전해주었다.

부모의 이혼과 재결합을 겪은 여자 청소년의 사례

E의 경우는 그림을 그리면서 딱히 의식하고 의도적으로 그린 것이 아닌데도 자기 집안 상황이 드러나서 내담자도 '정말 그림이 뭔가 나타내는 것 같다'라고 느꼈던 경우이다.

둥지가 두 개인 새 둥지 그림

E의 부모님은 E가 초등학교 5학년 때 이혼했고, 몇 년 뒤 E가 중학교 2학년 이던 여름에 다시 재결합했다. E의 부모님은 자녀들에게 이혼이나 재결합에 대해 설명해주지 않았고 어느 날 두 분이 다시 같이 살게 되었다고 한다.

E에게 새 둥지를 그려보자고 했더니, 어렵지 않게 그림을 그렸다. 큰 나무 가지에 둥지가 두 개 있는 그림을 그렸는데, 한 둥지는 알에서 깨어 나온 아기 새에게 어미가 먹이를 물어다주는 것이고, 또 다른 둥지는 아비 새가 높은 가지에서 하늘을 보고 둥지에는 알만 있는 모습을 그렸다. 아비 새가 왜 다른 곳을 보느냐는 밀문에 잠시 머뭇거리더니 "다른 것에게서 알들을 지키고 있는 중이고 알들은 너무 좁아 따로 키우는 것"이라고 했다.

E는 치료사에게 "둥지를 두 개 그린 것이 이상한지도 몰랐고 아비 새가 다른 곳을 보는 것도 의식하지 않고 그렸다"라고 했다.

그때까지 E는 미술치료실에서도 밝은 모습을 보이며 가족 이야기는 그다지 말하지 않았다. 그러나 새 둥지 그림을 그리고 치료사와 이야기를 나누던 중 "어렸을 때⋯⋯ 아빠가⋯⋯ 엄마를 밀치고⋯⋯"라고 자신의 마음에 눌러두었던 이야기를 꺼내면서 펑펑 울었다.

유머의 활용

청소년 미술치료에서 유머의 활용은 퍽 중요한 기술이 된다. 미술치료사들마다 취향과 의견에서 차이가 나긴 하지만 대체로 청소년들과 작업하는 미술치료사들은 유행하는 드라마와 예능 프로그램을 즐겨 보는 편이다. 예능의 코드를 알지 못하고선 대화가 되지 않는다고 느끼기도 한다. 다행히 이 책의 필자 두 명은 모두 예능 프로그램을 좋아하는 편이다.

물론 청소년을 상담한다고 해서 꼭 예능과 개그를 알고 있어야 하는 것은 아니다. 미술치료 시간에 유머를 사용해야만 하는 것도 아니다. 자칫 잘못 사용하다 보면 오히려 독이 될 수도 있는 것이 유머가 아닌가 싶다. 유머를 잘못 사용하면, 진지해야 할 순간이 가벼워지고 어려운 이야기 앞에서는 도망가버리게 된다.

미술치료 시간이 마냥 밝거나 가볍기만 할 수 없다는 것은 당연한 일이다. 늘 무겁고 어두울 필요도 없겠지만, 진지해야 할 순간에 진지한 상태로 머무르는 것이 중요하다.

유머가 좋은 사회 기술이며 경직된 마음을 풀어주고 유연하게 만들어주지만, 정도가 지나쳐서 그저 말장난이 되는 순간에는 의미 없는 종류의 시

거대 쥐를 만나 무서워하는 공룡

간 때우기나 기 싸움으로 전락하고 만다.

만약 유머를 사용했는데, 상황에 맞지 않았거나 서로 소통되지 않았다면, 괜히 수습하려고 또 다른 유머를 사용하지 말고 그냥 담담하게 사과하고 마음을 전달하는 이야기를 하면 된다.

위의 작품을 보자. 이 그림은 말을 거의 하지 않고 위축된 모습을 보이는 중학교 3학년 남학생의 작품이다. 몇 가지 따라 그릴 수 있는 그림 자극을 제시하고 그중에서 선택해서 그리도록 했더니, 쥐와 공룡을 그렸다. 그 내용은 거대한 쥐를 만난 공룡이 무서워하고 있는 것이라고 한다. 그림을 그린 내담자의 모습과도 겹쳐지는 부분이 있는 그림이었다. 그런데 그림 속 공룡도 크기 면에서는 쥐에게 뒤지지 않는다. 비록 쥐가 공룡만큼 크기는 하지만 이 둘의 관계에서 한쪽이 절대적으로 우세하다고 보기는 어려울 것이다.

두 대상 간의 관계가 치명적으로 위험해보이지는 않았지만 뭔가 스트레스를 표현한 작품임에는 틀림없어 보였다. 학교나 가정에서 어떻게 지내는지 물어보았더니 특별한 일은 없고 학교에서도 마음에 맞는 친구들이 있어 괜찮다고 했다. 다행이었다. 그림에 대해서도 가볍게 유머를 전달하기 좋을 듯했다.

"공룡 표정이 장난이 아닌데? 그렇게 쉽게 당하지는 않겠어."

이러한 말은 가벼운 형태로 공룡을 지지해주는 말이다. 위협당하는 공룡에 자신을 동일시하는 내담자에게 "그렇지 않아, 네가 생각하는 것보다 힘이 있어"라는 말을 들려주고 싶었다.

인터넷 자료 및 카메라의 활용

미술치료에서 사용하는 이미지와 미술 작업은 기본적으로 내담자에게서

대화를 하는 길고양이들

나온다. 그런데 치료 시간 내에 떠오르는 이미지에만 국한하지 말고 더욱 폭넓게 시도할 수 있다.

첫째, 치료 시간 외의 시간에 내담자가 그림을 그리거나 작업할 수 있다.

둘째, 치료 시간 외의 시간에 내담자가 사진을 찍어 온다. 휴대전화 카메라나 디지털카메라, 폴라로이드 카메라 등을 활용할 수 있다.

셋째, 내담자가 예전에 찍었던 사진들 중에서 자신에게 의미 있는 것으로 보고 그리거나 꾸미는 등의 작업을 한다.

넷째, 치료사가 사진이나 그림 등의 이미지를 제공한다.

다섯째, 인터넷에서 이미지를 찾아 출력한다.

왼쪽의 이미지는 내담자가 자신의 아파트에서 본 길고양이를 찍어온 사진이다. 길고양이들이 마치 대화를 하고 있는 듯 보여서 마음이 갔노라며 고양이는 개와 달라서 친근하게 굴지 않지만 한번 친해지면 배신하지 않을 것 같다고 했다.

기어가는 달팽이(오른쪽)는 치료사가 제공한 사진이다. 느리지만, 천천히 움직이는 달팽이 이미지는 변화의 속도가 느리다며 견디기 어려워하는 내담자들에게 생각할 여유를 주는 상징으로 활용되곤 한다. 달팽이가 지나온 길은 달팽이 점액이 묻어 있어서 경로가 보이는데 마치 눈물 같다고 하는 내담자도 있었다.

인터넷에서 이미지를 찾아서 보자고 했을 때, 연예인 사진을 찾아오는 경우가

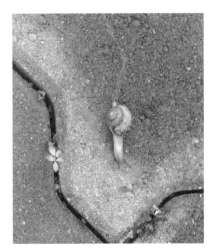

느리지만 움직이는 달팽이

왕왕 있다. 외모가 아름다운 연예인을 '여신'이라고 부르면서 이상화하는 경우인데, 이렇듯 외모에 대한 관심과 집착은 청소년기에 상당히 강렬하다. 이것 역시 일종의 성장통으로 보이며, '자기'를 찾아가는 과정에서 자연스러운 반응의 하나라고 할 수 있다.

6장

청소년
미술치료 기법

—

ART THERAPY

미술로 마음을 표현하는 것은 마치 새로운 언어를 배우는 것과 비슷하다. 그 새로운 언어는 바깥 세계에 있었던 것이 아니라, 자기 안에 있었던 것이며, 단지 아직까지 잘 사용하지 않았던 것이라 할 수 있다. 어쨌든 새로운 언어를 배운다면, 이것은 어느 정도 연습이 필요하다. 처음부터 잘될 것이라고 기대하지 않아야 한다. 약간의 좌절을 겪거나 혹은 실패를 경험한다 하더라도 두 번째는 다를 수 있고, 세 번째는 더욱 달라질 수 있다.

선 긋기

가장 기본적이면서 강력한 방법은 기초적인 선을 긋는 것이다. 선 긋기는 미술치료실에 들어와서 주눅 들었거나 눈치 보는 내담자에게도 도움이 되고, 심리적인 무기력감이나 반항심에 사로잡힌 내담자에게도 도움이 된다.

- 직선에서 시작해보자.
- 다양한 회화 도구를 활용해서 직선을 긋도록 해보자.
- 좌우로, 혹은 위아래로, 사선으로 직선을 그어보자.

어떤 내담자는 선과 선 사이에 여백이 보이지 않을 만큼 촘촘한 선을 긋는다. 다른 내담자는 선과 선이 붙지 않게끔 적당한 간격을 두고 천천히 선

그림 a

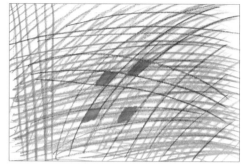

그림 b

을 긋는다. 이리저리 정신없이 선을 긋는 내담자도 있고, 한 방향으로 끝까지 일관되게 긋는 내담자도 있다.

내담자가 선 긋기를 어느 정도 하면, 두 번째 종이에도 해보라고 격려한다.

대부분 첫 번째 종이와 두 번째 종이의 표현이나 느낌은 달라지기 마련이다. 그 차이에 대해서도 관찰해보자. 혹시, 그러한 차이가 마음을 반영하고 있을 가능성이 있는가?

시각 언어의 기초가 되는 선 긋기만으로도 마음은 표현된다. 선에서 느껴지는 감정이 급한지, 느린지, 답답한지, 시원한지, 강력한지, 연약한지, 밖으로 나오려 하는지, 혹은 안으로 들어가려 하는지 등을 살펴보자.

그림 a와 b는 4절 도화지에 파스넷을 사용해서 여자 청소년이 그린 그림이다. 연달아 그린 그림인데도 첫 번째와 두 번째 그림의 느낌은 다르다. a의 중간 부분에 검은색과 붉은색으로 솟구쳐 오르는 불길 같은 것이 있어서 전체적인 인상은 뭔가 터지거나 폭발하는 듯한 모습이다. 그러면서 혼란스럽기도 하고 정신없이 움직이는 모양새이다. 그에 비해 b는 훨씬 더 정돈된 모습이다. 사실, b만 보았다면 이 역시 혼란스럽다거나 답답해 보인다고도 볼 수 있었을 것이다. 선의 움직임도 급해 보이고 기울어져 있다. 하지만 두 그림을 나란히 두고 보았을 때 상대적으로 b는 더 개운한 맛이 있었다. 그림을 그린 내담자는 두 작품에서 모두 답답하고 꽉 막혀서 맺힌 부분이 있다고 했다. 그래도 조금 터져 나오는 것 같아 시원하다고도 했다. 그것이 어떤 것인지 좀 더 구체적으로 말해달라고 하자, 아직은 이야기할 때가 아니라면서 다음에 하겠다고 했다.

가끔은 손이 먼저 마음을 열고 시간이 흐르고 난 다음에야 말문이 트이기도 한다. 그래도 큰 도화지에 선을 가득 채우며 작업하는 모습을 보니 미술치료에서 보낸 한 시간이 무의미하게 흐르지는 않았던 것 같다.

선 긋기 그림을 몇 번 했다면, 이렇게 말할 수 있다.

"자, 선 긋기를 몇 장 했는데 어땠니?"
"그래, 선 긋기만으로도 마음이 좀 나타나는구나, 하는 것을 봤다, 그치?"
"네가 말한 대로 '별 생각 없이 그냥 그렸어요'라는 게 참 중요해. 생각을 너무 많이 하는 것보다는, 손이 가는대로 그려보자. 그러다 보면 네 마음이 그림에 더 자연스럽게 나타날 거야."

집단에서도 선 긋기 방식을 사용할 수 있다. 여러 명이 선을 그은 작품을 한쪽 벽면에 붙여 두고 보자. 고작 선 긋기였을 뿐인데, 이렇게까지 다양할 수 있구나 하는 점에 놀라게 될 것이다.

짧은 선을 주로 사용한 사람, 긴 선을 주로 사용한 사람, 진하게 그은 사람, 혹은 연하게 그은 사람, 주로 크레파스를 사용한 사람, 물감을 사용한 사람 등 다양한 광경을 보게 될 것이다. 다양함에 대해 이야기가 나오면,

"그림이 이렇게 다른 것처럼 우리들도 모두 다양한 모습을 가지고 있다"라는 점을 강조할 수 있다. 또한, 한 사람의 작품에 나타나는 다양성도 역시 그 사람 안에 여러 가지 모습이 있음을 보여주는 증거로 활용할 수 있다.

자기 안에 여러 가지 모습이 있다는 것을 인정하기 어려워하는 연령이 바로 청소년 시기이다. 청소년 시기는 이상주의적인 경향이 강하고 이분법적인 태도 역시 뚜렷한 시기여서 타인을 쉽게 비판하면서 자기 자신에게도 그러한 면이 있다는 것을 연관 짓지 못하기도 하고, 또 반대로 자신이 가진 부족한 면을 침소봉대하여 과도한 자기비판에 시달리기도 한다. 자신에게 좋은 면도 있고 나쁜 면도 있으며, 여러 가지 모습들이 공존하고 있다는 것을 복합적인 시각으로 받아들이지 못하는 때가 청소년기이므로 이러한 면을 생각해볼 수 있는 단초를 제공하는 것이 중요하다.

선 긋기 따위를 왜 하느냐며 툴툴거리고 시작하는 청소년들도 그림을 그리고 난 다음에는 흥미를 보이기도 한다. 때로 자기 그림이 어떠냐고 묻는 경우도 있는데, 그럴 때는 그림에서 느껴지는 인상을 그대로 이야기해줄 수 있다. 선의 느낌이나 색깔의 느낌, 전체적인 인상과 세부적인 것들에서 느껴지는 것을 가감 없이 이야기해준다. 물론 이때 그림을 보고 "넌 이렇구나"라고 다 알겠다는 듯이 단정 짓는 말은 쓰지 말아야 한다. 우리가 하는 작업은 점쟁이처럼 마음을 읽어주는 것이 아니라, 청소년이 여러 가지 방식으로 이미 나타낸 마음에 공감해주는 것이다. 그러므로 청소년들이 자기 그림에 대해서 평가해달라고 요청할 때 아무런 말을 해주지 않는 것도 바람직하지 않고, 진단하듯이 "넌 이러이러해서 이런 상태야"라고 평가하는 것도 도움이 되지 않는다. 그보다는 그저 담백하게 그림에서 느껴지는 느낌과 인상을 말해주는 것이 좋다.

곡선 그리기와 동그라미 그리기

곡선 그리기와 동그라미 그리기는 직선 긋기와 마찬가지로 시각 언어의 기초를 배우고 경험한다는 측면에서 기본적이면서도 중요한 기법이다. 처음 미술치료 장면에 와서 당장 그림을 그리는 것이 어색하고 심리적으로 경직되어 있다면, 기초적인 곡선 그리기나 동그라미 그리기가 도움이 된다. 동그라미를 그리고 나서 뭔가 더 해야 하는 것이 아니므로, 동그라미 그리기 자체에 몰입할 수 있도록 돕는다.

청소년들은 처음에 미술치료실에 들어왔을 때 무엇을 해야 하는지 감을 잡지 못해서 멍한 표정으로 있곤 한다. 그러므로 말로만 설명할 것이 아니라 치료사가 먼저 해서 보여주는 것이 좋다. 무기력하거나 우울한 청소년들의 경우에는 자신이 직접 무엇인가 하려고 하지 않는데, 그저 보는 것만으로도 그런 상태의 청소년들에겐 도움이 된다. 때로는 청소년들의 반응이 시큰둥할 때도 있다. 그래도 그 반응에 너무 오래 초점 맞추지 말고 미술 작업으로 진행하도록 하자. 청소년들의 얼굴 표정과 마음은 동일하지 않을 때도 많다는 것을 믿으면서 말이다.

누군가가 먼저 하는 것은 그 자체로 학습 재료가 될 뿐 아니라 어떻게 시연해서 보여주느냐에 따라 시작하고 싶은 마음을 불러오는 촉진제가 된다. 자, 그러면 미술치료사가 먼저 큰 붓에 물감을 듬뿍 찍어서 4절지 중심에서 바깥으로 퍼져 나오는 원을 그려보도록 하자.

"이렇게 해볼 수 있단다. 색깔이나 재료는 네가 원하는 것으로 선택해 봐."
"물감을 사용하는 경우에 분무기로 종이에 물을 뿌려놓고 작업해볼 수도

그림 a

그림 b

있어. 더 퍼지는 효과가 날 거야."

"종이 위에 바로 물감을 짜서 해볼 수도 있단다."

여러 가지 방식으로 원을 그리다 보면, 청소년들이 그 느낌의 차이를 경험하고 먼저 말하기도 한다. 이를테면 중심에서 색을 칠해서 바깥으로 퍼져 나오는 것은 좀 더 확산되거나 풀어져 나오는 느낌이 드는 반면, 바깥에서 안으로 들어가며 원을 그리는 경우에는 답답하기도 하고 집중되는 느낌을 받기도 한다. 더불어 선택한 색의 느낌까지 가미되면 그들이 느끼는 감정이 더 강력하게 경험된다.

일례로, 우울한 감정이 강한 여자 청소년이 원 그리기를 하면서 중앙이 검고 짙은 보라색의 동그라미를 그렸다. 4절 도화지 위에 그려진 원은 꽤 큰 모습이었는데, 색깔이 진해서인지 마치 블랙홀 같기도 하고 헤어 나올 수 없는 큰 구멍처럼 보이기도 했다. 그 청소년 역시 자신이 그린 원이 믿을 수 없을 만큼 정확하게 자기 마음을 닮았다며 신기해했다. 그러면서 이렇게 깊고 어두운 세계에 자신이 있다고 한탄했다. 미술치료사는 그 내담자에게 표현할 수 있는 힘이 중요한 것이라며 함께 그 느낌을 느껴보자고 했다. 그 회기 내에 다른 작업을 할 만큼 시간이 없었던 터라 다음에 이어서 더 작업을 하자고 제안한 뒤, 이렇게 말해주었다.

"○○아, 네 우울은 지금부터 이 종이 위에 머무르고 있을 거야. 마치 간을 빼 놓은 토끼처럼 말이야. 그러니까 다음 주에 선생님과 만났을 때, 이걸 꺼내서 다시 우울한 이야기를 해보기로 하고, 이번 일주일은 우울 없이 생활하다가 와. 알았지?"

물론 그렇게 말한다고 해서 그다음 한 주가 우울하지 않은 것은 아닐 것이다. 그러나 우울을 표현만 하게 한 뒤 그저 회기를 끝내버리면, 간혹 더 우울해지는 내담자들도 있다. 무엇인가 표현하면서 새삼스럽게 자신이 그토록 힘들었나 느끼고 문제를 더 크게 경험하는 것이다. 따라서 궁극적으로 문제를 해결하기 위해 우울과 같은 감정을 표현하는 것은 반드시 거쳐야 하는 관문이겠지만, 그저 표현만 하는 것은 오히려 내담자를 더 힘들게 만들 수도 있다. 회기와 회기를 잇는 과정 중에라도 버틸 수 있는 최소한의 장치들을 제공해주어야 한다.

청소년 내담자와 작업을 하다 보면, 종종 동그라미 그리기를 하는 것만으로도 자유화나 다른 주제를 가지고 하는 작품 이상의 것을 경험하게 된다. 동그라미 하나로 뭘 알 수 있을까라고 의심할 수도 있겠지만, 이 기법은 생각보다 강력하다. 앞 장에서 미술 발달에 대해 언급하며 난화에 나타나는 곡선이나 원이 감각의 발견과 자기의 인식, 행위와 결과 간의 관계를 배우도록 한다고 했다. 그래서 원 그리기는 행위와 작품의 단순함에도 불구하고 심리치료적으로 가치를 지닌 기법이다.

　동그라미는 그 자체로 무언가를 담아둘 수 있는 그릇이 된다. 영국의 정신분석학자 비언Bion이 말한 '용기容器' 역할을 해주기도 한다. 동그라미를 그리는 과정에서 상징적으로 자신의 감정이나 힘들었던 경험을 담아두게 된다. 이 작업 이후에 다른 입체 작업을 했다면, 동그라미 작품을 배경으로 사용할 수 있다. 그림 b는 내담자가 동그라미를 그린 후 색철사로 자신을 상징하는 인물을 만들어 검푸른색 동그라미 작품 위에 올려둔 것이다. 색철사로 된 인물은 입체적인 작품이면서도 두껍지 않고 얇게 표현되어 뭔가 공간감이 느껴졌다. 우리는 이 인물을 그 전에 만든 동그라미 종이에 올려보기로 했다. 아니나 다를까. 깊고 무거운 동그라미 위에 가볍고 공기가 통하는 공간감을 가진 사람이 춤을 추듯 서 있는 모습은 한없는 깊이를 딛고 선 듯 감동적인 모습이었다.

나뭇조각으로 자기 상징 만들기

　청소년들 중에는 평면 작업을 아주 싫어하는 친구들이 있다. 특히 남자 내담자들 중에는 평면 작업을 '유치하고 딱 싫은, 어린애들 짓거리'라며 거들떠도 보지 않는 경우가 있다. 10세 이하 남자 아동 중에도 평면에 그리기 보다는 입체 작업을 선호하는 경우가 있는데, 이 경향은 청소년기가 되면 더 두드러진다. 어쨌든, '그리기' 작업을 좋아하지 않는다면 미술치료 시간을 굳이 그리기에 한정 지을 필요가 없다. 얼마든지 다양한 재료들을 사용해서 창의적인 작업을 할 수 있다.

a	b	c

최근에 많이 활용을 하는 것 중에 하나가 나뭇조각을 사용해서 자기 상징을 만드는 것이다.

- 재료_ 다양한 크기의 나뭇조각, 글루건
- 방법_ 글루건을 사용해서 나뭇조각을 붙이고, 색 사인펜이나 크레파스로 그리거나 칠하고 꾸밀 수 있다.

나뭇조각 종류는 반달 모양, 원 모양, 타원 모양, 길쭉한 나뭇가지, 짧은 나뭇가지 등이 있다. 색깔이 있는 나뭇조각도 쓸 수 있는데, '성냥 스틱'(혹은 컬러스틱)이라고 해서 성냥개비 정도의 굵기에 다양한 색깔로 이루어진 나뭇조각도 있다.

a와 b는 나뭇조각들을 붙이고 색 사인펜으로 칠해서 자기 상징을 만든 것

이다. 표정과 자세에서 익살스러움과 귀여움이 묻어난다. 작품 b는 귀가 강조되어서 뭔가 '잘 듣고자 하는 소망'을 나타낸 것이 아닌가 물었더니 그렇다고 하면서 다른 사람들과의 관계에서 잘 들어주는 사람이 되고 싶다고 했다.

c는 구멍이 있는 나뭇조각에 작업한 것인데, 구멍에 끈을 끼워서 목걸이처럼 사용할 수 있다. (인터넷 상점에서 '나무 공예'라고 검색하면 다양한 종류의 나뭇조각을 볼 수 있다. 그중 '구멍 뚫린 나뭇조각'을 구입해서 가죽 끈으로 연결하면 된다.)

나뭇조각으로 자기 상징을 만드는 작업은 쉽고 재미있으면서 개성을 살릴 수 있는 것이어서 청소년들이 좋아한다. 들고 다닐 수 있을 만큼 작은 크기의 대상이므로 종종 지니고 다니기도 한다.

이 기법을 사용해서 집단에서 자기소개를 하는 용도로 쓸 수 있다. 즉, 청소년 집단에서 종이로 된 명찰에 이름을 써서 자신을 소개하는 시간을 가진 뒤, 이번에는 다른 방식으로 자기소개를 하자고 요청한다. 나뭇조각을 사용해서 동물이나 꽃, 구체적 물건이나 상징물을 만든 뒤 그것이 왜 자신을 나타내는지 서로 소개하기로 한다. 그리고 이러한 상징적 명찰과 글로 쓴 자기 명찰의 느낌을 비교해보자고 한다. 아마도 글자가 아닌 시각적인 상징이 가지는 힘에 대해 느끼고 경험하는 시간이 될 것이다.

자기 정체성을 찾아서

청소년기가 자신의 정체성을 형성해가는 시기라는 것은 두말할 나위가 없다. 그러므로 미술 작업을 통해 자기 모습을 표현해보는 것이 의미 있는 시간을 제공한다. 가장 많이 활용되는 방법은 평면 작업으로 그림을 그리는 것이다.

자기 정체성을 표현하는 평면 작업

- 자화상 그리기
- 추상적인 자기 이미지 그리기
- 자신을 상징하는 것 그리기
- 자신을 상징하는 동물 그리기
- 자기 마음을 풍경으로 표현한다면?
- 마음과 닮은 날씨 그리기
- 색깔로 자신을 표현하기

다음 장에 나오는 그림은 자신의 마음을 날씨와 풍경으로 묘사한 남자 중학생의 작품이다. 비바람이 거세게 치는 날씨에 하늘을 날고 있는 비행기를 그렸다. 비구름은 매우 무겁게 보이고 비는 쉽게 그칠 것 같지 않다. 비행기의 프로펠러는 힘들게 돌아가고 있는 것처럼 보인다. 도화지 화면에 비행기가 다 들어오지 않고 절반만 들어온 모습이 마치 자기 이야기를 전부 하지 않고 약간씩만 비춰주는 내담자와도 닮았다. 왼쪽 아래의 섬은 푸르디 푸른 초록색으로 묘사되었고, 해변의 모래 색도 곱다. 과연 이 비행기는 목표로 하는 섬에 안전하게 착륙할 것인가?

자기 정체성을 표현하는 입체 작업

그림 그리기 주제를 기꺼이 받아들인다면 그대로 진행하면 된다. 만약, 평

내 마음을 날씨와 풍경으로 묘사한다면?

면 작업을 달가워하지 않는다면 다른 방식으로 접근해보아야 한다. 앞서 언급한 나뭇조각으로 자기 상징 만들기도 '그리기'를 좋아하지 않는 청소년에게 시도해봄 직하다.

　직접적으로 사람을 만드는 방법 중에 철사라든가 빵 끈을 사용하게 하는 것도 재미난 접근이다. 미술치료 시간에 사용하는 철사는 와이어 공예에서 쓰는 색 철사인데, 두께는 2밀리미터 정도 되는 것을 사용한다. 색 철사는 가위로 쉽게 잘리며 색깔도 10여 가지 정도 되므로 처음 만들어본다고 하더라도 어렵지 않게 사용할 수 있다.

　옆 장의 사진은 미술치료사가 만든 인물상이다. 철사와 빵 끈으로 사람을 만들었던 회기에 내담자 옆에서 작업을 했다. 인물상은 가부좌를 하고 앉아

있고 천사의 날개도 가지고 있다. 다 만
든 후 내담자에게 선물로 주었다. 마음이
여린데다 힘든 상황을 겪고 있어서 위로
해주고 싶었던 그 내담자에게 금빛 천사
가 함께하기를 바라는 마음이다.

천사 날개를 가진 가부좌 인물상

가면 만들기

가면이라는 주제가 가장 재미있게 와
닿는 시기는 청소년기 아닐까? 정체성과
관련한 심리적인 작업이 왕성하게 진행되는 시기이므로 '가면'이라는 주제
역시 재미있게 와 닿을 수 있다. '가면'은 자기 자신이 누구인지, 어떤 모습
을 드러내 보이고 또 어떤 모습은 숨기고 있는지 생각해볼 기회를 제공한다.

가면을 통해 청소년들에게 자기 자각을 북돋우는 방법은 크게 두 가지이
다. 하나는 가면을 개인의 얼굴에 맞게 만드는 것, 다른 하나는 가면에 색을
칠하거나 여러 가지 재료를 붙여서 자신만의 개성적인 가면으로 만드는 것
이다.

(1) 자신의 얼굴과 동일하게 생긴 가면을 만들기 원한다면 석고붕대를 얼
굴에 붙여서 만들 수 있다. 석고붕대는 거즈 천에 석고가루가 묻어 있는 붕
대를 말한다. 이것을 잘라서 물에 살짝 담근 뒤 비벼서 펴고 얼굴 위에 한
장씩 바르면 된다. 가루가 날릴 수 있으므로 작업할 때 주변 정리가 쉽도록

a　　　　　　　　　　　b　　　　　　　　　　　c

신문지나 비닐을 깔아두는 것이 좋다.

석고붕대 작업을 좋아하는 청소년들도 꽤 있지만, 얼굴에 뭔가 붙이는 것을 싫어하는 경우도 더러 있다. 그리고 날씨가 추울 때는 작업 후에 세수하기 싫어서 작업을 거부하는 경우도 있었다. 그런 경우 1번 작업은 생략하고 바로 2번 작업으로 진행한다.

(2) 완성된 가면은 흰색이므로 이제 이 가면에 색과 여러 가지 형태를 입히도록 한다. 석고붕대 가면을 만들지 않은 경우에는 기성 제품 가면을 사용한다. 칠하거나 꾸밀 수 있는 가면으로 기본적인 얼굴형도 있고, 각시탈이나 하회탈, 고양이 얼굴 등 특정한 모양을 지닌 가면도 있다. 내담자의 취향에 따라 선택하고 이것을 꾸미도록 한다.

색을 칠할 때에는 크레파스, 색연필, 물감 등을 사용한다. 각종 오브제(털실, 색끈, 반짝이, 색모래, 깃털 등)도 활용해서 꾸밀 수 있다. 붙일 때는 목공풀이나 글루건을 사용하면 강력하게 잘 붙는다.

청소년들에게 가면의 안쪽을 꾸며보라는 말을 하지 않아도 가면 바깥쪽뿐 아니라 안쪽을 색칠하고 꾸미는 모습을 만나곤 한다. 이러한 모습은 '남들에게 쉽게 보여주지 않는 이런 내가 있어요'라는 것을 알아주었으면 하는 바람을 가진 청소년들에게서 볼 수 있다.

(3) 가면을 다 만들고 나면, 이번에는 그 가면의 주인공이 되어보라고 주문한다. 잠시 자기 자신의 상황이나 처지를 잊어버리고, 그저 그 가면의 주인공이 되어보자. 제삼자로서 그 가면에 대해 이야기하는 것이 아니라, 가면 자체가 되는 것이다. 이야기를 꾸며 내어도 좋고, 알고 있는 이야기를 각색하거나 윤색해도 좋다. 그 가면이 느끼는 느낌, 살아온 삶, 요즘의 생활, 가면의 소망 등에 대해 이야기해보자. 만약 집단 작업이라면, 지금 이야기하고 있는 가면에게 다른 가면이 질문을 던지거나 인터뷰를 해도 좋다.

옆의 세 가면은 모두 흰색 종이 가면을 꾸민 것이다. 어떻게 꾸미느냐에 따라 상당히 다른 느낌을 주게 된다. 처음에는 평범한 종이 가면에 불과하지만 각자의 색깔과 취향에 따라 자기만의 가면으로 재탄생한다.

극과 극

그림의 주제로 상반되는 양극단을 제시할 수 있다.

- 내가 좋아하는 내 모습과 싫어하는 내 모습

- 거울의 바깥과 거울의 안
- 금고의 바깥과 금고의 안
- 밝음과 어두움
- 사건 이전과 사건 이후

149쪽의 그림은 고등학교 2학년 여학생인 T가 그린 작품이다. T는 학교에서 성적이 상위권이며 친구들과도 매우 잘 지낸다고 했다. 그러나 T는 겉으로만 그렇고 자신은 사실 친구들의 눈치를 많이 본다고 했다. 자신이 좋아하는 것은 만화인데 아이들은 만화를 보면 '오타쿠'라고 놀려 자신이 좋아하는 것에 대해 편안하게 이야기를 해본 적이 없다고 했다. 중학교 3학년 때 편안하게 친구들에게 마음을 열고 이야기를 했는데 친구들이 "너하고 그런 이야기는 안 어울려"라고 말한 것에 충격을 받았다고 했다. 그 후 어떻게 행동해야 하는지 몰라 친구 관계에서 위축감을 느꼈고 고등학생이 되어 다른 친구가 행동하는 것을 보고 '내가 저랬겠구나'라는 생각이 들었다고 했다. 그 친구는 타인이 듣든 말든 만화 이야기며 자기가 좋아하는 이야기를 신나게 했는데 다른 친구들이 억지로 호응해주는 것을 눈치 못 채는 아이였다고 했다. T는 그림에 대해 설명하기를, 혼자 있을 때의 자신은 안절부절못하고 한심하며 예전의 자신을 친구들이 얼마나 바보 같다고 생각했을까라는 느낌이 들어 후회스러워 하는 모습이라고 했다. 그리고 반대편의 밝은 모습은 현재 좋은 친구들을 만나 그 아이들과 이야기를 하면서 즐겁고 만족해하는 모습이라고 했다.

상반된 이미지를 그렸을 때의 장점은, 반대로 보이는 두 모습을 한꺼번에 볼 수 있는 조망권을 얻는다는 데에 있다. 심리적으로 성숙해지고 통합

내가 싫어하는 내 모습, 좋아하는 내 모습

을 이룬 상태라는 것은 흠 잡을 데 없는 상태가 아니라, 전혀 다른 것이 존재할 수 있음을 인정하고 어느 하나가 절대적인 것이 아니라는 점을 수용할 수 있는 상태이다. 그래서 자신의 못난 모습이 느껴지고 좌절할 때에도 그것이 전부가 아님을 알 수 있는 상태이다. 또한, 자신이 잘되는 모습 역시 절대적인 것이 아님을 알기에 겸허해질 수 있는 상태이다. 인간관계에서도 친구라고 믿었던 상대에게 실망하게 되거나 상처를 입었을 때 그러한 경험이 친구 관계라는 큰 맥락에서 하나의 작은 부분이 될 수 있음을 인정하는 것이다. '절대적'이라거나 '100퍼센트'라고 쉽사리 외치는 청소년기야말로 이분법적인 사고에서 벗어나며 성장하는 것이 더 없이 소중한 때이다. 그러므로 이 기법이 가지는 치료적 함의는 이분법을 시각화시켜 눈으로 확인하고 마음에서 통합할 수 있게 돕는 것이다.

유명 회화 작품 따라 그리기

유명한 회화 작품을 보고 따라 그리는 것도 좋은 미술치료 방법이 된다. 모델링의 원리를 생각하면 이해가 쉽게 될 것이다. 어떻게 해야 자기 안의 공격적, 폭력적 에너지를 승화시킬 수 있을지 모르는 경우에는, 위대한 예술 작품을 따라하는 것이 도움이 된다. 그 예술가들의 승화를 닮는 것이다. 단, 아무 작품이나 따라 그리는 것이 아니라 내담자가 여러 작품을 살펴보고 그 중에서 마음에 와 닿는 것으로 작업하도록 한다.

데이비드 스미스의 작품 「무제」의 모작

옆의 그림은 미국의 유명한 조각가 데이비드 스미스David Smith의 작품 「무제」를 보고 따라 그린 중학교 1학년 남학생 I의 작품이다. 원래 그림에서 형태는 그대로 사용하고 색상은 약간 바꿔 더 푸른색으로 그렸다. 화집을 보면서 어느 작품을 모사해서 그릴 것인지 내담자가 선택하는데, 이 작품을 선택한 I는 "못하겠어요. 어려워요"를 입에 달고 있으면서도 5주 동안이나 작업에 몰입했다. 이 작품의 어떤 점이 I의 관심을 끌었을까? 얼핏 눈, 코, 입으로 보이는 형상들은 약간씩 과장되거나 변형되어 있다. 어쩌면 학교생활이나 부모님과의 관계에서 바라보고 평가하며 말을 주고받는 것을 마음에 걸려했던 I에게는 자연스러운 끌림이 아니었을까 생각된다.

작품을 완성하기 위해 충분히 몰입한 I에게는 뭔가에 집중했을 때 발현되는 건강한 에너지 흐름이 있다. 그러므로 단순히 따라 그리기가 아닌 '집중의 시간' '승화의 시간'을 가지게 되었다는 점에서 이 기법은 의미를 가진다. 한두 번 이 기법을 하다 보면, 내담자의 마음에서 이 부분은 조금 다른 식으로 바꾸어보고 싶다는 욕구가 생기기 시작한다. 그렇게 해서 자기 자신만의 이미지를 만들어가는 시간도 의미 있고 소중하다.

그림 감상하기

가끔 청소년 내담자들 중에는 그날따라 완전히 에너지가 방전된 듯한 표정으로 들어올 때가 있다. 그림을 그리는 것이 '힘들어서' 도저히 못하겠다면, 무엇이 그렇게 힘들게 하는지, 혹은 오늘 하루가 어땠는지 이야기로 풀어가게 된다. 그런데, 말도 하기 귀찮아 할 때가 있다. 미술 작업도 하기 싫

주리애, 「마음속 풍경 II」, 캔버스에 아크릴릭, 47×65cm, 2012

고, 말하는 것도 싫다면 어떻게 해야 할까? 잠시 여유를 두고 기다린다. 그런 다음, 무엇을 할지에 대해 하나씩 아이디어를 제시하고 미술치료사가 먼저 해보도록 한다. 이번에 함께 생각해볼 기법은 아무것도 하기 싫어하는 내담자와 함께 해볼 수 있는 기법이다.

앞서 명화를 보고 따라 그리되 원하는 부분을 변형해서 그리는 방법을 소개했다. 그 방법은 대부분 화집이나 사진을 보고 진행한다. 이번에는 진짜 캔버스에 있는 작품을 보면서 거기에서 느껴지는 점이나 변형하고 싶은 것을 표현해보거나, 혹은 자신의 창조적 작품을 해볼 수 있다. 캔버스 작품은 생생한 느낌을 느끼기에 좋다. 가끔 다른 내담자의 작품을 보기도 하지만(치료실에 기증했다든가, 다른 내담자가 보더라도 괜찮다고 동의한 경우) 아직 치료 과정에 있는 내담자의 경우에는 작품에도 비밀 보장을 유지하므로 보여주기가 어렵다. 그런 경우 미술치료사의 작품을 보여주어도 된다.

옆의 그림은 필자 중 한 명의 작품인데, 우울한 청소년 내담자들 중 이 작품을 특히 마음에 들어 하고 흥미를 보이는 경우가 있었다. 일단 작품에 흥미를 보이면, 거기에서 출발해서 느낌과 감상, 감정의 표현에 대해 이야기를 나눌 수 있다. 그리고 캔버스 작업을 해보지 않겠느냐고 초대할 수 있다.

유화로 작업할 경우 일주일에 한 번 오는 미술치료 회기에서 작업하기에 적합하다. 유화는 칠한 뒤 마르는 시간이 필요한데 일주일 정도의 시간이라면 충분히 마를 것이다. 기름이 번거롭게 여겨지면 아크릴 작업도 무방하다. 아크릴 작업은 수성이면서 캔버스에 작업하기 좋으므로 청소년들에게 매력적으로 느껴지곤 한다.

사실 캔버스에 작업하는 것은 그 자체로 매력이 있다. 청소년들 대부분은 낱장으로 된 종이나 스케치북에만 그림을 그려봤기 때문에 캔버스에 그리는 것은 대체로 처음 경험하는 것이다. 이러한 '새로움'과 더불어 '전문적인 것'이라는 느낌에 좀 더 집중하게 되곤 한다.

감정을 표현하는 그림 그리기

복잡하고 미묘한 이미지를 잘 느끼기 위해서는 그림을 그리는 것이 큰 도움이 된다. 감정을 표현하는 것은 청소년에게 매우 자연스럽고 중요한 발달 과업이기도 하다. 그림으로 감정을 표현할 때 처음에는 어눌하게 느껴지더라도 한두 번 그리다 보면, 그림만큼 감정을 잘 전달하는 도구도 없다고 느끼게 될 것이다. 그림에 나타나는 전체적인 이미지, 그림 속의 중요 형태, 사용된 선의 느낌과 강약, 두드러진 색깔과 얼핏 사용된 색깔의 흔적까지, 그림 속의 모든 요소요소가 감정을 발산한다.

가장 기본적인 감정 주제는 다음과 같다.

"자신의 감정을 그림으로 그려보세요."

그 주제에 덧붙여서 몇 마디를 부연설명해도 된다.

"색깔을 중심으로 감정을 그려볼 수도 있습니다. 내 감정을 만약 색깔로 표현한다면 어떤 색일까 느껴보세요."
"구체적인 그림이 아니어도 좋습니다. 선을 긋는다든가, 동그라미나 삼각형, 사각형, 혹은 나선형과 같은 형태도 감정을 표현해줄 것입니다."

아니면, 감정을 드러내는 특정 이미지를 예로 들어도 좋다. 이를테면,

- 내 마음은 지금 막 터지려고 하는 시한폭탄 같다.
- 나는 소용돌이치고 있다.
- 나는 깊은 구덩이에 빠진 것 같다.
- 내 마음은 캄캄한 동굴이다.
- 내 마음은 폭발하는 화산이다.
- 나는 갇혀서 흐르지 못하는 물이다.

"참아왔던 것이 무너진 것 같아요."

　이러한 묘사는 듣는 순간 이미지가 떠오르며 감정과의 연결 고리를 가지게 된다.

　위의 그림은 자살을 시도한 우울한 여자 고등학생 L이 그린 그림이다. L은 외국에서 사업을 하는 부모 밑에서 별다른 문제없이 자랐는데, 어느 날 갑자기 자살을 시도하며 손목을 그었다. 부모는 깜짝 놀라서 딸을 데리고 전문 상담을 해줄 곳을 찾아 귀국했고 병원과 미술치료실에 찾아오게 되었다.

　L은 그림을 그린 뒤 이렇게 말했다. "사실 부모님은 제가 외국에서 잘 지낸 줄 알지만 사실 저 왕따 많이 당했었어요. 그래도 부모님이 힘드실까 봐 말씀 안 드리고 그 아이들 사이로 들어가려고 얼마나 노력했는지 몰라요.

겨우겨우 적응하고 또 친해지려고 하니 그 아이들 입장에 제가 많이 맞추려고 했었고…… 그런 것들이 저에게는 참 스트레스였어요. 어쨌든 그런 과정들을 잘 견디고 대학 입시만 준비하고 입학하면 되었는데 정작 가장 중요한 이때에 이러니 그동안 참아왔던 일이 다 무너져버린 것 같아요. 이 힘든 과정들은 무지갯빛 성을 짓기 위한 거였는데.”

L은 자신도 왜 손목을 그었는지 믿을 수 없다고 했다. 어쩌면 다소간 충동적인 결정과 행동이었을 수도 있고, 혹은 자신이 힘든 것을 알아달라는 신호였을 수도 있다.

가볍고 마음을 달래주는 다양한 미술 작업들

청소년들이 마음의 건강을 회복하게 되는 것은, 자신의 문제에 집중하고 그 의미와 영향에 대해 좀 더 분명하게 이해하면서 이전과 다른 선택을 하기 때문일 것이다. 그 과정에서 마음의 한 자락을 가감 없이 풀어놓을 수 있고, 담아둘 수 있기 때문이다. 그리고 이러한 모든 과정들과 더불어 마음 한쪽이 그저 쉴 수 있는 시간을 가지기 때문일 것이다.

이번에 살펴볼 다양한 미술치료 기법들은 마음이 쉬었다 갈 수 있도록 ‘아무 생각 없이’ 즐겁게 미술 작업을 할 수 있는 것들이다. 내담자가 원한다면 이 작업의 과정에서도 통찰 중심

비즈 팔찌

적인 접근을 할 수 있다.

옆에 보이는 비즈 팔찌는 남자 내담자가 만든 것이다. 비즈는 중간에 구멍이 뚫린 구슬 같은 것인데 남녀 청소년들 모두 재미있어 하는 소재이다.

앵그리버드는 청소년이 좋아하는 게임 캐릭터이다. 사진 속 앵그리버드는 인터넷에서 주사위 모양으로 접을 수 있는 전개도를 다운 받아 출력해서 만든 것이다. 출력한 종이가 얇아 두꺼운 종이에 덧붙여 오리고 접으며 작업했다.

앵그리버드

풍선 실타래는 먼저 풍선을 불어서 묶은 뒤 그 위에 물풀을 잔뜩 묻힌 털실을 감아서 만든다. 풍선 표면이 미끄럽기 때문에 처음에 풀이 묻은 실을 감기가 어려울 수 있다. 한두 번만 감으면 그다음부터는 쉽게 감긴다. 한 회기에서 풍선을 다 감으면, 그다음 번 회기에서 풍선을 터뜨려 빼면 된다. 건조된 실타래는 딱딱하게 굳게 되고 모양을 잘 유지하므로, 그 위에 다른 장식을 더 할 수 있다. 오른쪽의 작품은 동글동글한 솜뭉치와 나비를 붙여서 장식한 것이다. 붙일 때는 목공풀이나 본드, 글루건 등을 사용하면 된다.

풍선 실타래

부드러운 재료를 사용한 미술 작업

천사점토는 상당히 부드러운 촉감을 가진 가벼운 점토이다. 색깔은 흰색인데 사인펜이나 물감을 섞어서 다양한 색으로 만들 수 있다. 사인펜으로 몇 번 콕콕 찍은 뒤 점토를 잘 주물러주면 색이 번지면서 파스텔톤으로 바뀌고, 물감을 조금 짜서 주물러주면 진한 색깔의 점토가 된다.

천사점토는 가볍고 부드러워서 많은 내담자들이 좋아하는 소재이기도 하다. 대개 미술치료 시간에 천사점토를 주면 "이런 거 처음 만져봐요" 하는 경우가 많다. 색깔이 흰색이라 지점토 정도를 생각하다가 실제로 만져보면 촉감이나 무게가 예상과 달리 훨씬 부드럽고 가벼운 것에 놀라곤 한다. 그냥 점토를 주무르는 것만으로도 기분이 좋아진다고 하면서 "만지는 것만으로도 기분이 좋아져요"라고 말하는 것을 자주 들었다.

천사점토 오리

천사점토 장미꽃

굳이 무엇을 만들지 않아도 된다고 하면, 내담자들은 의무감에서 해방된 느낌으로 점토를 가지고 놀다가 이런 저런 이야기를 풀어내기도 하고, 혹은 가끔 무엇을 만들기도 한다.

옆의 작품은 무엇인가 만들 계획이 없었던 내담자들이 각기 만든 천사점토 작품이다. 특히 장미꽃은 미술 작업을 잘 못한다면서 약간의 두려움도 가지고 있었던 사람이 만들었는데, 자기도 몰랐던 손재주를 발견하고 즐거워했다.

친숙한 주제를 새로운 재료로 작업하기

나무를 그리거나 만드는 것은 매우 친숙한 주제이다. 나무를 그려보자고 했을 때 이것을 어렵게 느끼는 내담자는 거의 없다. 간단하게 그릴 수도 있고 복잡하고 정교하게 그릴 수도 있다. 얼핏 생각하면 단조로운 주제이지만, 사실 나무는 정말 다양하다. 기둥부터 가지, 열매, 잎사귀까지 다양한 종류와 모양 때문에 얼마든지 개성을 실어서 표현할 수 있는 주제이다.

나무는 사람보다 훨씬 더 오래 살면서 긴 시간을 말없이 지켜보는 생명체이다. 나무를 그리거나 만드는 것은 자기 안의 좀 더 심층적인 모습을 만나고자 하는 의도가 있을 때 추천할 만하다. 미술작품으로 나타나는 나무는 그것을 그리거나 만든 사람과 다른 모양으로 존재하지만 찬찬히 살펴볼 때 인상과 느낌이 어딘지 닮은 듯 다가올 것이다. 가지와 기둥의 형태라든가 나무와 잎의 색깔, 전체적인 크기와 자세, 위치 등이 어떤 특징을 가지고 있는지 하나씩 열거하며 이야기하다 보면, 그림을 그린 사람이 나무를 통해 표

a   b

현하고자 하는 자기 마음이 무엇인지 듣고 보는 시간이 된다.

a는 천사점토와 각종 단추, 나뭇조각 등을 사용해서 만든 나무이다.

b는 플레이콘으로 만든 나무이다. 플레이콘은 옥수수 전분으로 만든 푹신푹신한 수수깡이라고 생각하면 된다. 물을 찍어 서로 붙이면 붙고, 누르거나 잘라서 모양을 만들 수도 있기 때문에 아동, 청소년, 성인 등 연령이나 성별을 가리지 않고 대부분 좋아하는 소재이기도 하다.

7장

단기
미술치료

—

ART THERAPY

미술치료는 지속되는 시간에 따라 크게 단기 미술치료와 장기 미술치료로 나눌 수 있다.

장기 미술치료는 6개월이 넘는 긴 시간 동안 진행되는 것이며, 대개 개인 미술치료의 형태로 진행된다. 집단 미술치료를 1년 정도 장기간으로 하는 경우도 있지만, 청소년기에는 학업이나 친구 관계 등 여러 가지 변수가 많기 때문에 청소년을 대상으로 하는 장기 미술치료는 대부분 개인 미술치료이다.

단기 미술치료는 대체로 6개월 이내의 기간 동안 진행이 되는데, 일주일에 한 번씩 두세 달 동안 진행하는 경우라든가 특정 목적을 달성하기 위해 10회기나 12회기 프로그램으로 진행하는 경우가 대부분이다. 간혹 1회기만 진행하는 단기 미술치료도 있고, 하루 중 반나절 이상을 사용해서 2,3일간 마라톤을 뛰듯 진행하는 경우도 있다. 단기 미술치료는 치료 환경이나 장소의 상황과 조건에 맞추어 진행할 때가 많고, 개인이나 집단 모두에게 다양하게 적용된다. 비용 대비 효과 측면을 강조하는 오늘날의 치료 환경에서는 단기적인 미술치료의 중요성이 더 커지는 실정이다.

종합해서 비교해보면 지속 기간에 따라 나뉘는 장기 미술치료와 단기 미술치료는 각기 다른 장점이 있다.

단기 미술치료에도 시간이나 횟수에 따라 여러 가지 유형이 가능하겠지만 어떤 것을 선택하든지 반드시 기억해야 될 부분이 있다. 무엇보다도 집단의 진행 목적에 있어서 초점을 분명하게 하라는 점이다. 만약 단기 미술치료

장기 미술치료와 단기 미술치료의 비교

	장기 미술치료	단기 미술치료
주제	문제와 그 이면의 원인에까지 넓게 초점을 맞춤	한두 가지 분명한 문제와 그 해결에 초점을 맞춤
방식	비구조화	반구조화 방식이나 구조화 방식이 흔함
대상	개인	개인, 집단

를 하면서 주제를 넓게 잡거나 문제 행동 이면에 있는 심리적 양상에 초점을 맞춘다든가, 혹은 발달의 초기 단계나 가족 간 영향력에 초점을 맞춘다면 치료의 성과는 미미하고 문제는 미해결된 상태로 끝나게 될 것이다. 단기 미술치료가 짧게는 4~5회기, 길더라도 서너 달(학교에서 시행되는 경우 학기 단위로 진행될 가능성이 높고, 시험 기간에는 진행하지 못할 때가 많다)을 넘지 못한다는 점을 감안하면 치료사는 초점을 분명하게 잡아야 한다. 지나치게 욕심내지 않되 한두 가지 분명한 것을 추구하는 것이 좋다.

단기 미술치료에서 유의할 점

• 단기 미술치료를 할 때에는 문제 행동 이면의 심리적 원인에 지나치게 초점을 맞추지 않는다.
• 단기 미술치료에서 가족 간 갈등이나 유년기 시절의 영향력을 주된 주제로 다루지 않는다.
• 단기 미술치료는 청소년 내담자의 감정 표현과 강점 찾기 두 가지에 초

점을 맞춘다.

예를 들어 4월에 미술치료를 시작하게 되어 1학기 기말고사 이전까지 일주일에 1회씩 진행한다고 하면 대략 8회 정도를 하게 된다. 8회 동안 청소년 내담자를 만나면서 어떤 것을 계획하고 어떻게 진행해야 할까? 만약 청소년이 문제 행동을 보이게 된 심리적 원인을 유년기까지 거슬러 올라가서 파헤친다거나, 가족 내의 심리적 역동을 밝히는 데 주력한다면, 8회기 동안 뭔가 조금 알게 되다가 끝날 것이다. 괜히 그런 것을 끄집어낸 게 아닌가 싶을 정도로 찜찜하게 끝나는 것이다. 그러므로 주어진 시간이 짧다는 점을 고려해서, 그 기간 내에 달성할 수 있는 치료 목표를 설정하는 것이 좋다.

치료의 목표는 내담자의 문제와 직접적으로 관련이 있고, 또 그 목표는 치료 과정과도 상관이 있다. 단기 미술치료를 할 때에는 이것을 왜 하는가에 대해서 치료사뿐 아니라 참여하는 내담자도 분명하게 이해하고 있어야 한다. 주어진 시간은 짧고 그 시간 내에 무엇이라도 목표한 바를 얻기 위해서는 지향점이 뚜렷해야 하는 것이다.

물론 미술치료를 받으러 온 청소년의 문제는 단순하지가 않고 복잡해 보이는 것이 대부분이다. 이를테면 문제가 정서적인 것을 비롯해서 행동, 관계, 성취 등 다양한 분야에 걸쳐 있어서 여러모로 복잡하게 느껴질 것이다. 더불어 짧은 회기 동안 얻을 수 있는 게 없어서 답답하게 생각될 것이다. 하지만 치료 목표에 있어서 최대한 내담자와 합의해볼 수 있다.

"우리는 앞으로 여덟 번 만나게 될 거야. ○○이도 알고 있지? 그동안 어떤 것을 하면 좋을까 생각해보자."

단기 미술치료를 진행할 때 목적을 분명히 가지고 있으면서 해결 중심적으로 해나갈 수 있다. 특정 문제에 초점을 맞추어야 한다면 다음과 같이 접근할 수 있다.

- 감정에 문제가 있다면 색을 중점에 두고 작업할 수 있다.
- 자기개념에 문제가 있다면 형태에 중점을 둔다든가 자화상 작업을 할 수 있다.
- 집단으로 진행되고 그 집단에서 '관계'가 주된 주제어가 된다면 공동 작업을 진행할 수 있다.

단기 미술치료 사례_첫 번째

아래 그림은 자신이 원하는 것이 무엇인지 모르겠다며 답답함을 호소하던 여자 고등학생 K가 그린 그림이다. 선으로 마음을 표현해보자고 했을 때 그린 그림인데, 그리고 난 다음에 첫 마디는 "참 어지럽네요"였다. 필자가 보기에는 어지럽지만 그래도 어떤 면에서는 정돈된 느낌도 들었는데, 어쨌든 K의 눈에는 어지럽다고 했다. 총 세 번을 만나기로 했기 때문에 첫 번째 그림에서는 자기 마음의 표현이 중심이 되었다.

선으로 표현한 내 마음

두 번째 만남에서는 지난주에 그린 '어지러움'의 '반대'를 그려보자고 했다. 그렇게 해서 나온 그림이 그림 a인데, 한 가지 색으로 표현되었고 형태는 원형으로 비슷한 면도 있고, 동그라미의 개수가 줄어들

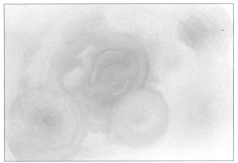

a   b

어서 간결해진 면도 있다. 우리는 두 그림을 나란히 두고 감상을 하면서 각각의 그림이 어떻게 보이는지, 어느 쪽이 더 좋아 보이는지 등에 대해 이야기를 나누었다. K는 어지러움의 반대 그림이 당연히 좋을 것 같았는데, 나란히 두고 보니까 오히려 처음 그렸던 그림이 더 마음에 든다고 했다. 아마도 색깔이 많이 사용되고 다양한 모습이 있어서 그런 것 같았다. 이러한 선호의 의미가 어떤 것일까에 대해서도 이야기를 나눌 수 있었다. 어쩌면, K가 싫다고 말하는 '어지러움'은 단순하게 싫은 대상이 아니라 청소년기에 겪어야 할 아름다운 혼란이었는지도 모를 일이다.

마지막 만남에서는 마음에 들었던 첫 번째 그림의 미래를 그려보자고 했다. 그림 b에서는 선이 사라지고 전체적으로 색상만을 표현했다. 밝은 미래를 그리고 싶다며 노란색을 주로 썼는데, 한 가지 색보다는 여러 가지 색이 있는 것이 좋았다며 파랑과 빨강, 분홍, 초록을 함께 사용했다.

전체적으로 세 번의 회기로 진행된 짧은 만남이었지만, K는 자신의 작품을 통해 자신이 겪는 혼란스러움이나 혼돈을 조금 더 넓은 시각에서 바라볼 수 있게 되었다. 무엇을 원하는지 분명하지 않다고 해서 그것이 참을 수 없는 일이라기보다는, 오히려 이러한 과정을 통해 진짜 자기가 원하는 것을 찾아가는 것이라는 기대도 가지게 되었다.

단기 미술치료 사례_두 번째

아래 그림은 고등학교 1학년 여학생 Y가 그린 그림이다. 내담자는 뱀과 싸우는 고양이를 그렸다. 그리고 이 그림 아래에 다음과 같이 썼다.

평화롭게 길을 가던 고양이가 뱀을 만났어요. 뱀이 혀를 날름거리며 다가 오자 고양이가 무섭고 화가 나서 소리를 지르고 있어요.

무섭고 화가 나서 뱀에게 소리 지르는 고양이

Y는 길에서 만난 뱀 때문에 겁에 질리고 화가 난 고양이와 자기 자신을 동일시하는 듯했다. 그렇다면 Y가 느끼기에 그 '뱀'은 누구일까? 아니면 어떤 환경을 말하는 것일까? 어쩌면 뱀과 고양이는 서로 천적 관계가 아닐지도 모른다. 그런데 지레 겁을 먹은 것은 아닐까?

일단은 그림을 통해 자기 마음을 표현하는 능력을 칭찬해주었다. 그리고 그림에 나타난 특징들을 '열린 눈으로' 천천히 찾아보았다. 크기, 위치, 선의 느낌, 강약, 이러한 여러 요소들을 중심으로 관찰한 결과, 어쩌면 뱀도 고양이도 비슷한 정도의 힘을 가진 게 아닌가 하는 결론을 내릴 수 있었다. 자신에 대해 과소평가하지 말고, 조금 더 신뢰해보면 어떨까 하고 의견을 나누었다.

그리고 다음에도 언젠가 마음이 흔들리거나 불확실하게 느껴지는 상황이 되거든, 솔직한 자신의 마음을 그림으로 표현해볼 것을 추천했다.

자화상 이미지

그림 속에 나타나는 이미지가 청소년의 마음에 대해 보여줄 때가 많다. 자기 정체성을 찾아가는 청소년 내담자들은 이미지를 만들고 그리면서 스스로의 모습을 여러 각도에서 비춰보곤 한다. 청소년기는 아동기에 이어 자기애적인 태도가 강한 때이므로 자신을 보여주는 자화상과 같은 주제를 좋아한다.

동화나 특정 상황에 대입해서 주인공을 그리는 것도 자화상의 일종이라 볼 수 있다. a와 b는 품행장애*로 입원했던 여자 청소년이 그린 작품이다.

그림 a: 라푼젤   그림 b: 빗속의 여인

그림 a는 「라푼젤」 동화에서 모티프를 얻은 작품이며 그림 b는 비가 내리는
상황이라는 상황 속의 인물을 그리고 색 시트지를 붙인 것이다. 두 그림 모
두 여자의 모습은 슬퍼 보인다. a에서는 눈물을 흘리고 있고, b에서는 눈을
감고 있다.

• 품행장애는 다른 사람의 기본적 권리를 해치거나 나이에 적합한 사회적 규범을 어기는 행동양
상이 지속적으로 반복될 경우에 진단되는 정신과적 장애이다. 품행장애는 사람과 동물에 대한 공
격, 재산 파괴, 사기나 절도, 중대한 규칙 위반 등의 문제 행동을 보인다. 미술치료 장면에서 만나
는 품행장애 청소년들은 잦은 학교 결석, 성적 저조, 흡연, 음주, 약물 남용, 거짓말, 가출, 기물 파
괴 행동 등을 보이는 경우가 많다.

품행장애로 진단된 바, 겉으로 나타나는 문제 행동 이면에 슬픈 여자 아이가 있는 것 같았다. 중요한 것은 청소년 자신부터 자기 마음을 헤아리고 알아주는 것이며, 그다음으로는 자기 마음을 잘 전달하고 표현하는 것이다. 때로 상대방이 내 마음을 이해하지 못하거나 혹은 기대한 반응을 보이지 않는다 하더라도 그것은 상대방의 몫인 것으로 수용하는 것까지가 성숙의 과정에서 터득해야 할 내용이리라.

어쨌든 이미지를 통해 드러나는 자기 마음을 잘 바라보고 관찰하는 것에서부터 이 모든 과정이 시작된다고 생각한다.

이미지가 어떻게 마음을 드러내는지 알려주는 방법은 별다른 게 없다. 우선은 그림이나 미술 작업으로 자신의 마음을 표현하도록 하고, 그 그림에서 어떤 것이 느껴지는지 함께 살펴보는 것이다. 물론 그림을 그린 사람이 청소년 자신이므로 본인 그림을 가장 잘 알 수 있겠지만, 또 한편으로는 자신도 의도하지 않았던 부분이 나타날 수 있다고 알려준다. 그리고 그러한 부분을 보려면, 선입견 없이 열린 마음으로 관찰해보자고 한다.

청소년과 부모의 의사소통 전환점

직접적으로 청소년 내담자의 문제를 다루는 것이 아니라 하더라도 단기 미술치료에서 중요한 치료 목표가 되는 것 중에 하나는, 청소년 내담자의 부모와 내담자 간의 관계 개선에서 전환점 역할을 해주는 것이다.

단기 미술치료를 하게 될 때, 종종 부모들이 자신의 자녀에게 어떤 심리적 문제가 있는지 평가해달라는 요구를 하곤 한다. 이런 경우 청소년 내담자의 권익을 존중하면서 부모의 요구도 동시에 충족시키는 방법은 서로 간의 의사소통이 더 원활하게 이루어지도록 중재해주는 것이다.

다음 사례를 보자.

J는 뿔테 안경에 어깨까지 오는 단발머리를 한 고등학교 여학생으로 단정한 차림을 하고 미술치료실에 왔다. 가족은 대체로 화목하고, 특히 아버지는 J에 대해서 매우 헌신적이리만큼 신경을 많이 써주었다. 자상하고 감성적인 아버지는 J의 친구들과도 가끔 문자로 연락하며 집에서 친구들과 파자마 파티를 열어줄 만큼 아이의 학교생활에 관심을 많이 가져주었고, 전문직에 종사하는 어머니도 자녀들을 신뢰하여 믿고 맡기는 분이었다. 외국에서 공부를 하다 온 두 살 위 오빠가 한국 학교에서 잘 적응하지 못하고 공부를 안 하는 것이 유일한 걱정인 가정이었다. J는 학교에서 친구들도 많고 선생님들의 평가도 좋은 아이였는데 어느 날 갑자기 등교 거부를 해서 놀란 부모님의 손에 이끌려 미술치료를 받게 되었다.

J에게 자기만의 동화를 만들고 한 장면을 그림으로 그려보자고 했다. 동화를 통한 상상력과 이야기는 아마도 J의 마음과 처지를 잘 반영해줄 것 같았다. J는 그림을 그리고 이렇게 이야기를 적었다.

옛날 옛날에 언덕 위에 오래된 나무 한 그루가 있었습니다. 이 나무 위에는 까마귀 한 마리와 파랑새 한 마리가 살고 있었습니다. 어느 날 둘은 나무의 좋은 위치를 차지하기 위해 싸움이 붙었습니다. 싸움에서 진 까마귀는 앙심을 품고 인간들에게 찾아 갔습니다. 때마침 인간들은 골프장 지을 곳을 찾고 있는 중이었습니다. 파랑새를 쫓아 달라는 까마귀의 부탁에 인

J가 그린 자기만의 동화

간들은 흔쾌히 승낙했습니다. 며칠 후 불도저를 가지고 온 인간들을 본 까마귀는 인간들의 속셈을 깨닫고 파랑새를 대피시키려 했지만 파랑새는 이미 아내와 새끼를 낳아 둥지에서 기르고 있었습니다. 까마귀는 크게 뉘우치고 언덕 밑에 사는 곰에게 찾아갔습니다. 곰은 까마귀의 부탁을 듣고 인간들을 몰아내주었습니다.

J에게 이야기 속 인물 중 자신과 닮은 대상을 찾아보라고 하자, 자신을 상징하는 대상은 곰이라고 했다. 곰은 이야기의 후반부에 잠시 등장한 캐릭터

이고, 사실 주된 주인공은 까마귀와 파랑새 같았다. J는 자신을 주인공이라고 여기지 못하는 것일까, 아니면 갈등이 많은 주변 환경에서 조정자 역할을 자주 맡게 되는 것일까?

J는 그림을 그리면서 "새는 왠지 그리기 싫은걸"이라며 혼잣말하듯 이야기했다. 가지가 잘린 나무에 새 둥지는 있지만 이야기의 중심인 새들은 없다.

"J야, 네가 다른 사람들의 힘든 상황을 해결해주는 역할을 많이 했던 것 같아"라고 하니 "그랬어요. 친구들은 힘든 이야기 다 저한테 와서 하고…… 저보고 막, 언니, 엄마라고 부르곤 했어요"라고 한다.

친구들 사이에서 중재자 역할을 잘해내는 J가 정작 자신의 일이나 입장에 대해서는 친구나 부모에게 전달하지 못했던 것 같다. 등교 거부라는 다소 강한 거부 반응을 나타내기 전에 다른 방법을 취할 수는 없었던 것일까? 그림에서 보이는 것처럼, 문제를 해결하기 위해 과격한 방식을 쓰다가 후회하게 되지는 않을까?

부모 상담 때 J의 이러한 상태와 역할에 대해 이야기를 나누었더니, 부모님들은 J를 더 잘 이해하게 된 눈치였다. "그러고 보니 이런 게 기억난다"라고 하면서 부모가 들려준 이야기는 이러하다.

J는 부모님이 맞벌이를 하여 어렸을 때 집 가까이에 있는 외가에서 자라다시피 했다고 한다. 조부모님과 삼촌이 J를 매우 예뻐했고, 어렸을 때부터 요구가 많았던 오빠와는 달리 얌전하고 할 일을 잘하는 아이로 컸다고 한다. 워낙 말썽을 부린 적이 없는데 한 가지 기억이 나는 것은, 생전 고집을 부리지 않던 아이가 고양이를 사달라고 해서 알아보았는데 그 고양이가 매우 비싼 것이었다. 가격도 가격이고, 고양이 털 알레르기가 생기면 어쩌나 해서 고양이 대신 강아지를 분양받아 기르자고 했더니 J가 너무 심하게 떼

를 써서 놀란 적이 있다고 했다. 결국 강아지를 키우게 되었는데 그 강아지가 하는 행동이 고양이 같아 그나마 J가 애착을 가지고 길렀다고 했다.

등교 거부를 한 후 가장 처음 요구한 것이 고양이를 기르자는 것이었는데 그때 기억이 나서 바로 기르도록 해주었다고 했다. 친구들에게서는 계속 연락이 오는데 J가 아프다면서 연락을 안 받고 있다고 했다. 학교에 관해 이야기를 하면 너무 싫어해서 J가 원하는 대로 두고 있는데 외출도 안 하고 있다고 했다.

몇 번의 미술치료 회기를 통해 J의 마음을 조금 더 이해할 수 있었고, J가 부모님을 포함한 자기 주변을 이해시키도록 도왔다. 더불어 부모님도 J를 '말 잘 듣고 착한 아이였는데 왜 저러는지 모르겠다'라고만 생각지 말고 다양한 여러 가지 모습을 가지고 있으므로 앞으로 몰랐던 부분을 더 알아가야 하는 딸로 새롭게 볼 수 있도록 당부를 전했다.

내담자에게 힘이 되는 이미지

단기 미술치료는 짧게 진행되기 때문에 치료 과정에서 모든 문제를 해결하는 것이 아니라 앞으로 청소년이 해결할 수 있게끔 자신이 갖고 있는 힘이나 능력을 부각시켜주는 것이 바람직하다. 말하자면, 물고기를 직접 잡아주는 것이 아니라 물고기 잡는 힘이 있음을 알려주는 것이다.

힘과 능력을 부각시키는 가장 좋은 방법은 이미지를 활용하는 것이다. 종종 이미지는 청소년의 문제와 상태를 진단하거나 평가하는 데 사용되곤 한다. 물론, 이미지는 상태를 드러내는 좋은 도구이다. 이미지를 어떻게 활용하는가에 따라 내면의 힘과 잠재력을 드러낼 수도 있다.

미술치료에서 이미지를 만드는 과정은 새로운 것이 드러나도록 돕기도 하지만 주어진 주제에 대해 생각이 더 깊고 넓고 빠르게 진행되게 도와주고, 또 기억이 선명하게 오래 남도록 도와준다. 그래서 그림을 통해 문제가 무엇인지 찾는 것에 초점을 맞추기보다는 그 사람이 가지고 있는 강점이나 앞으로의 가능성에 초점을 맞출 수 있다. 즉, 내담자가 가지고 온 문제를 그림으로 표현하는 것이 일반적으로 사용되는 방식이라면, 이번에는 자신의 문제를 새로운 방식으로 바라보자고 요청하는 것이다.

말하자면 문제의 재구성이다. 이전에 문제가 되었던 행동을 긍정적인 방식, 혹은 사회적 법규에 저촉되지 않는 방식으로 바꾸어서 그림으로 그려보라고 하자. 그러면 남의 자동차를 긁어서 붙잡힌 청소년은 자동차를 수리하는 모습을 그릴 수 있고, 다른 친구를 때려서 문제를 일으킨 청소년은 권투라든가 킥복싱, 격투기하는 선수를 그릴 수 있다. 이렇듯 긍정적인 방식의 재구성을 요청하되 이미지로 남기게 함으로써 그림을 그리는 과정 동안 생각하는 시간을 마련해주고, 더불어 이미지로 오래도록 마음에 각인되게 도와줄 수 있다.

다시 하고 싶은 즐거운 시간

마지막으로 단기 미술치료에서 고려해보아야 할 점은 다음과 같다.

무엇보다도 미술치료를 하며 보내는 한 시간이 '언젠가 기회가 된다면 또 하고 싶은 시간'이라는 느낌을 주는가? 미술 작업이 즐겁거나, 집중하고 몰두할 수 있었거나, 사려 깊은 이야기를 나누는 시간이었거나, 심리적으로 안정을 주는 시간이었거나 해서 '다시 하고 싶은 것'이 된다면 진정한 의미에서 충분한 성공이다.

8장

장기
미술치료

—

ART THERAPY

―――――

　이번 장에는 장기적인 미술치료를 했던 사례를 자세히 소개하려 한다. 이를 통해서 2년가량 지속되었던 남자 청소년의 미술치료를 통해 장기 미술치료의 효과와 의미가 실제적이고 구체적으로 전달되기를 기대한다.

G와의 만남

　G는 고등학교 3학년 2학기에 정서적으로 심하게 우울하고 무엇이든 꾸준히 끝까지 해내는 일이 없다는 것 때문에 어머니가 정신과에 데리고 온 19세 남자 청소년이다.

　아버지는 G가 세 살 때 사망했고, 어머니가 일을 하며 홀로 G를 키웠다. 어머니는 아침 일찍 출근하고 저녁 늦게 집에 오는 경우가 많아서 주로 성당 대모님 집에서 G를 돌봐주었다고 한다. G는 초등학교 때 산만하고 집중력이 부족해서 정신과 치료를 받은 적이 있었다.

　G의 첫인상은 남자치고 예쁘장한 외모에 다소 마른 체구, 교복이나 셔츠의 단추를 여러 개 풀고 입으며 반지와 팔찌를 하는 등 외모에 많이 신경 쓴 모습이었다. 첫 면담에서 G는 "엄마가 너무 반듯하고 결벽증이 있어서 숨이 막혀요"라고 했다. G의 말처럼 모자 사이에 해묵은 갈등이 있었고, 학교에서도 G는 교사들과 불편한 관계였다. 그래도 동네 친구들과는 친하게 지내는 편이라고 했다.

첫 회기에서 G는 말은 적었지만 질문에 적절히 대답을 했다. 평소에 짜증과 신경질을 많이 내는데 주된 대상은 어머니였고 사는 것이 재미없어 언제든지 죽어도 상관이 없다는 생각을 자주 한다고 했다. 실용음악과에 진학하려 하지만 꾸준히 레슨을 받는 것도 아니고 결석이 잦은데다 음악 과제도 하지 않고 걱정만 많이 하고 있었다.

치료 목표

G의 문제는 정서적인 것(우울), 관계(어머니와의 갈등), 성취(낮은 학업 성취도, 대학 진학의 어려움) 등이었다. 그리고 기본적인 생활 습관이 좋지 않아 하루에 한 끼만 먹는다거나 기상 시간과 수면 시간이 불규칙적이고, 계획을 세운 뒤 지속적으로 해나가지 못하고 있었다. G가 고 3이었던 10월 말에 미술치료를 시작했으니 대학 진학이 중요한 시기였지만 만성화된 무력감과 우울증이 심해서 그 부분이 중요한 치료 목표가 되었다. 관계적인 면에서는 특히 어머니와의 관계를 풀어나가기로 했는데, 미술 작업을 통해 마음을 안정시키면서 또 다른 한편으로 분노 감정을 다루기로 했다.

치료 과정

미술치료는 주 1회 진행되었는데 G가 자주 결석하거나 지각해서 40분의 치료 시간이 제대로 지켜지지 않을 때가 많았다. G의 어머니는 G가 원래 그러한 성향이 많은 아이니 그저 꾸준히 상담을 받게만 해달라고 하셨다. (여드름이 많아 피부과 치료를 받게 해달라고 해서 1년 치 치료비를 지불해두어도 한두 번만 가곤 했다고 한다.) 어머니 상담은 주로 전화 통화로 이루어졌고 때에 따라 치료실과 직장이 가까운 어머니의 시간을 조정해 상담을 했다.

G와 어머니의 말을 종합해보면, 서로 의견이 대립되거나 싸우게 되면 조정해주는 사람 없이 그저 각자 기분이 상한 채 지내곤 했다고 한다. 그러다가 시간이 지나면 아무렇지 않은 듯 다시 이야기하고 지내지만, 양측 모두 서로에 대한 불만이 해결되지 않은 상태가 반복되었다.

가면 만들기

첫 회기와 두 번째 회기에서 지점토로 코끼리 가면을 만드는 작업을 했는데, G는 작업을 하면서 어머니에 대한 불만을 많이 토로했다. 다 만들고 나서 작품에 대해서 이런저런 질문과 대답을 주고받는 과정에서 G는 이렇게 말했다.

"코끼리의 나이는 아홉 살이고요, 남자예요. 현재 기분은 나쁘지 않아요. 장점은 말을 잘 따르고 단점은 고집이 세요. 학교생활은 잘해요. 친구들과도 친하고. 선생님께서는 착한 어린이라고 하고요. 학교생활은 그냥 가야 하니까 다녀요. 가족은…… (한참을 망설이다가) 무리 지어 살아요. 그냥…… 단란한 가정. 여동생과 형, 부모님. 여동생은 밝고 형은 욕심이 많아요. 아버지는 엄하고 어머니는 자식에게 관심이 많아요. 풀을 잘 뜯는 부모님. 코끼리 세계에서 풀을 잘 뜯는 것은 자기 일을 잘한다는 뜻이에요. (이 코끼리는) 이상하게 생겨서 친구가 되고 싶지는 않고요. 그냥 아는 사이 정도로만…… 이 코끼리는 대장이 되고 싶어해요. 충고를 한다면, 무럭무럭 자라라. 대장 코끼리가 되기 위해 노력하고."

두 번째 회기에서는 가면을 채색하는 작업을 했는데 G는 완벽주의자인 어머니에 대해 매우 짜증 섞인 말투로 사소한 싸움이 계속되니 불만만 쌓여 간다고 했다.

"나를 못 믿어주는 것이 가장 싫고, 재수하면 정말 마음 편히 잘할 것 같은데 돈도 알바해서 보탤 텐데 무조건 안 된다고만 해요. 또 제가 실수하면 그것을 통해 배우는 게 분명 있을 텐데 실수할까 봐 모든 것을 미리 다 해주니까, 제가 스스로 생각하고 고민하면서 배울 기회를 놓친 적도 많아요."

이러한 이야기는 이후로도 반복해서 말했고, 어머니에 대한 가장 큰 불만이기도 했다.

코끼리의 나이는 코끼리 세계에서 청소년에 해당한다고 했고 단란하면서 평범한 가정에 대해 묘사한 점, 학교생활에 대해서는 문제는 없다고 말했으면서도 "그냥 다닌다"라고 말한 부분에서 자신이 바라는 것과 현실을 섞어서 말했다는 것을 알 수 있었다. 이상하게 생겨서 친구가 되고 싶지 않다는 부분에서는, 매우 집중해서 만들었음에도 현재의 자신의 모습에 불만족스러워하고 있다는 것을 느낄 수 있었다. 대장이 되고 싶다는 말에서 인정이나 성취 욕구도 드러냈다. 대장으로 상징되는 눈에 띄는 존재, 성공한 사람이 되려면 그만큼 노력을 해야 하는 것을 알고 있지만 실천하지 못하는 것에 스스로 위축된 마음도 느낄 수 있었다. 어머니와의 상담에서 어머니는 G가 지금도 저렇게 생활이 흐트러져 있는데 재수 하면 어떻게 할지 믿을 수가 없다고 했다. 또, 어머니가 보기에는 G가 열심히 하지도 않으면서 열심히 했다고 착각하고 있는 부분이 못마땅하다고 했다. 실용음악과를 가겠다고 하면서 집에서 피아노 치는 것을 30분 이상 넘긴 적도 별로 없다며 G에 대해 신뢰하지 못하겠다는 마음을 표현했다.

G의 어머니와 전화로 주로 상담하다 보면, 어머니의 말이 길어지곤 했는데, 30분 이상 혼자 이야기를 할 때도 있었다. 말씀은 매우 논리적이지만, 이야기의 옳고 그름을 떠나 G의 입장에서는 듣는 것만으로도 지칠 수 있겠다 싶었다.

G는 '학교에서 유행성 바이러스에 걸린 친구들이 여섯 명이나 있는데, 엄마에게는 비밀로 하고 자신도 안 좋다는 핑계로 며칠 학교에 가지 않을 것'이라고 했다. 치료사에게는 편안하게 이런저런 이야기를 했지만 어머니에게는 잘 이야기하지 않았다. 어머니는 G의 생활에서 잘잘못만 지적하기에 부모 상담시 G를 좀 더 마음으로 받아들여주는 게 좋겠다고 전했다.

그다음 회기에 G는 한결 편안한 얼굴로 들어왔다. 이유를 물으니 "얼마 전에 너무 우울했는데, 엄마와 얘기를 많이 한 후 나아졌어요. 그냥 이유 없이 눈물이 나오고 외롭다는 느낌이 많이 드는 거예요. 그래서 엄마와 이야기하던 중 강아지를 키우게 되었어요"라고 했다. 지금은 강아지가 생긴다는 기대감과 오랜만에 어머니에게 이해받은 것이 좋다고 말했다. 자세한 이야기는 어머니와의 상담을 통해 들을 수 있었는데 지난주에 이틀 동안 학교에 가지 않은 것 때문에 매우 화를 내며 싸우게 되었다고 했다. G가 자기 잘못은 생각하지 않고 요구 사항만 늘어놓는 것에 어머니는 화가 났는데, 싸우던 중 G가 "주위 사람들이 나 역시 힘들 거라는 생각은 해주지 않고 엄마한

테만 잘하라고 하는데, 그런 말을 들을 때마다 많이 속상했다"라고 해서 마음이 아팠다고 했다. 그 후 화를 가라앉히고 G와 솔직하게 이야기 나누면서 결론 내리기를, 2주간 마음껏 놀고 이후로 열심히 시험 준비를 하기로 약속했다고 한다. G의 어머니는 원칙을 중요시하는 엄격한 분이지만 G와의 관계 개선을 위해 많이 노력하시는 부분이 치료에 긍정적인 영향을 끼칠 것이라는 판단이 들었다.

자극 단어 제시하고 상상해서 그리기

G에게 자극 단어를 보여주고 상상해서 그려보자고 했다.

"용, 성, 왕, 왕비, 왕자, 공주, 곰, 마법의 양탄자, 마술피리, 숲의 정령, 오래된 나무, 파랑새, 말하는 돌. 이 단어들 중 네 개를 선택한 후 이야기를 만들어보세요. 선택한 것 중 하나는 자신을 상징하는 것이라야 합니다. 그리고 이야기 흐름상 필요하다면 다른 소재들이 들어가도 됩니다."

이에 G가 그림을 그리고 서술한 내용은 다음과 같다.

나는 숲에 사는 곰. 매우 큰 나무가 불에 탄 채 있어 정령에게 물었더니 마녀가 불 뿜는 용을 물리친 흔적이라고 했다. 사실 마녀는 이웃나라 공주. 지금은 마녀가 없어지고 숲은 조용하고 평화로웠다.

G에게 글의 마녀가 지금 네게 있어 어머니를 묘사한 것 같고 어머니가 너의 모든 어려움과 위험을 물리쳐주되 네 생활 영역과는 거리를 두어 간섭하

지 않았으면 하는 마음이 있는 것 같다고 말해주었다. G는 "사실 그래요"라고 하면서 "어머니가 어제 12시에 친구들과 피시방에 있을 때 전화를 많이 해서 엄청 싸웠다"라고 했다. 누구와 있느냐는 질문에 끝까지 답을 안 했는데, 사실 같이 있던 동네 친구들을 어머니가 탐탁지 않게 생각하는 터라 일부러 연락을 하지 않았다고 했다. 그러면서 어머니한테 미안한 마음이 든다는 말을 남겼다.

G는 어머니와 다투는 이야기를 하면서도 "우리 엄마는 예쁜데 너무 안 꾸며요. 머리도 좀 자주 하지. 젊었을 때 사진보니 괜찮던데……"라고 했다. G에게 지금은 너를 힘들게 하니 마음속으로 마녀처럼 느끼지만 네가 알다시피 과거에는 어머니도 공주였을 것이라고 말해주었다. 그리고 "네가 만든 이야기에서조차 네가 주인공이 아닌 방관자의 자세이니 좀 더 적극적으로 숲에서 생활했으면 좋겠다"라는 이야기도 해주었다. G는 집에 가기 전에 "그런데 숲에서 아무것도 하지 않고 그냥 평화롭게 살고 싶어요"라고 했다.

아이들이 청소년 즈음 되면 사실 어떻게 행동하는 것이 바르고 좋은지 알고 있다. 아는 대로 행동하고 말하지 않는 것은 '그럴 마음이 들지 않는다'라는 것인데, '몰라서'가 아닌 '하기 싫어서'라는 부분에 주목할 필요가 있다. '알면서도 왜 하기 싫을까? 덜 혼나고 지적도 덜 받으면 좋을 텐데'라는 것은 어른들의 생각이다. 자발성을 가지고 자기주도적으로 삶을 이끌어가기 위해서는 마음의 힘이 필요하다. 그런데 마음의 힘은 스스로 노력해서 생기기도 하지만 어려서는 부모와의 관계에서 수용과 지지를 받는 것으로 생겨난다. 만약 부모에게 자신의 처지를 이해받지 못하거나 상처를 입게 되면, 그만큼 마음의 힘은 약해진다. G는 학교에서 선생님들에게 차별과 부당한 대우를 받은 적이 있었는데 그때마다 어머니는 G의 말에 귀 기울여주거나 위로해주지 않고 막무가내로 G를 혼내곤 했다. 그것이 상처가 되어 G는 어머니에게 이야기를 하지 않게 되었다. 이후에 어머니 상담을 진행하면서 G를 좀 더 이해하게 된 어머니는 그러한 부분을 후회하며 마음 아파했다.

캔버스 작업

어떠한 일이든 꾸준히 집중하지 못하고 쉽게 흥미를 잃는 G와 캔버스에 그림 그리기 작업을 했다. 흰색 도화지와 달리 캔버스 작업은 많은 청소년 내담자들이 흥미로워하고 좋아하는 작업이다. 또, 한두 번에 완성되지 않고 꽤 시간이 걸리는 작업이므로 끈기 있게 작업할 수 있는 기회이기도 하다.

G에게 보고 따라 그릴 수 있도록 작품집을 주었더니, 그중에서 앤디 워홀Andy Warhol의 실크스크린 작품인 「리자Liza」를 선택했다. G는 이 작품을 특히 공들여 6주에 걸쳐서 그렸고, 이 작업을 하는 동안 한쪽 팔에 깁스를 했음에도 불구하고 거의 혼자 힘으로 작품을 완성했다.

오른쪽 장의 그림이 G가 그린 그림이다. 여성을 선택해서 얼굴을 그린 것으로 미루어 보아, 여성성이나 모성에 대한 관심, 혹은 이성에 대한 관심을 느낄 수 있었다. 더불어 '얼굴'은 자기 정체성에 대한 관심일 수도 있다. 정성스럽게 완성하는 모습에서 G가 자신을 함부로 내팽개칠 사람이 아니라는 것을 느낄 수 있었다. 다만 어떤 부분이 잘 정리되지 않아 혼돈을 겪고 있을 뿐, 자신의 정체성을 찾아가는 일이나 진학과 관련해서도 무엇인가 선택하고 나면 정성스럽게 공을 들일 수 있을 것이다. 거기에 더불어 필자는 G가 보여준 놀라운 집중력과 완성도를 칭찬했다.

이즈음 G는 수능시험을 치렀지만, 준비를 제대로 하지 못한 탓에 점수가

좋지 못했다. G는 실용음악과나 연극영
화과에 진학하고자 했는데, 실기 시험에
대한 준비도 제대로 하지 못한 상태였다.
G는 수능시험이 끝난 후 실기 준비에 매
진해야 했지만 잘해낼 자신은 없고 마음
은 불안해 뭐라도 해야 할 것 같다며 새
벽에 맥주 집에서 아르바이트를 했다. 아
르바이트를 끝내고 새벽 6시 정도에 집으
로 돌아와 낮잠으로 한나절을 보내는 생
활을 반복했다. 밤낮이 바뀐 생활에 체력
적으로 지치고 어머니와도 마찰이 생겨
한 달 만에 다시 일을 그만두었다. 그러

G가 그린 앤디 워홀의 「리자」 모작

면서 다시 우울한 상태가 심해졌는데, 어머니가 예전보다는 좀 더 참아주어
다툼은 줄어들었다. 그러나 어머니는 아이 편에서 이해해주려 하기보다는
지금 이 시간만 참아주자라는 마음이 더 컸던 터라 어느 순간 참았던 화가
갑작스럽게 표출되어 다시 크게 싸우는 일이 반복되었다. G는 자신이 노력
을 안 하는 것에 대해 끊임없이 변명하며 자기합리화를 했고 그 원인과 불
만을 다 어머니에게 쏟아내는 등 불안정한 감정 상태를 보였다.

나! G는?

G에게 4절 도화지에 자신에 대해 떠오르는 생각이나 타인에게 들었던 말
들을 적어보자고 했다. G가 쓴 말들은 대부분이—본인 표현을 빌리면—'잡
념'이거나 '해야 하는데 못 하고 있는 일들'이었다. 적은 글들은 '짜증남, 고

슴도치(예전에 길렀는데 자신의 실수로 죽게 되었다고 하며 종종 이야기를 했다), 군대, 노력, 외롭다, 잠을 줄여라, 나는 똑똑하다, 끼리(애완견 이름), 통증, 여자 친구, 술, 피부, 지나간 것에 대한 후회, 절실함 부족, 자신감, 다이어트, 연기, 아역 배우, 음악, 게으르다, 생각이 많다' 등이었다.

G가 다 적고 나서, 그다음에는 비슷한 종류끼리 묶어보았다. 같은 카테고리에 속한 것은 같은 색깔로 동그라미를 그렸다. 그랬더니 이렇게 일곱 가지 묶음이 만들어졌다.

- 미래에 대한 고민
- 관심사
- 잡념
- 해야 할 일
- 당장 필요한 것
- 의미 있는 무엇
- 스트레스

연기와 아역 배우에 대해서는 "요즘 엄마에게는 말하지 않았지만 연기를 하고 싶어 알아보려고 한다"라고 했다. G는 음악을 하고 싶다고 하면서도 진로에 대해 계속 혼란스러워 하는 모습이었다. 그 외에도 G는 디자인학과에도 관심이 있었다. 그래서 G와 여러 가지 가능성에 대해 이야기하고, 실행하는 것에 대해서도 이야기를 나누었다.

이후 몇 회기 동안은 미술 작업을 하지 않고 말로만 이야기를 나누었다. G의 주된 불만은 어머니가 G의 말을 듣지 않고 본인 이야기만 한다는 것이

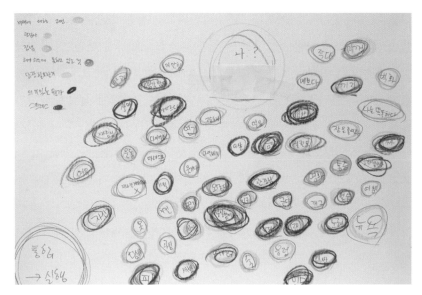

나! G는?

었다. 치료사의 조언을 듣고 소리 지르는 것은 많이 자제하지만 차분하게 자신의 이야기만 하는 것이 너무 화가 난다고 했다. 또, 어머니 생신 선물로 아르바이트를 해서 장지갑을 사드렸는데 첫 마디가 "난 장지갑 안 드는데?"였다면서 매우 서운해했다. 나중에 치료사가 부모 상담 시간에 어머니에게 G가 그것을 사 드리려고 아르바이트하고 많이 알아보았다고 말씀드리니 그제야 "몰랐다. 들고 다녀야겠다"라고 했다. 이후 G와 어머니를 함께 미술치료 회기에서 만나기로 했다.

가족 미술치료 회기

• 과자로 만든 집: G와 어머니가 함께 과자를 사용해서 집을 만드는 시

간을 가졌다. 어머니는 계획을 세우는 데 많은 시간을 소요했고 완벽한 집을 만들려고 G에게 질문을 여러 번 해서 결국 G가 짜증을 냈다. 필요 이상으로 완벽함을 추구하려고 하다 보니 오히려 효율성이 떨어졌고 G와 대화하는 방식도 부자연스러웠다. 어머니에 비해 G는 그때그때 상황에 맞추어 즉흥적으로 작업하고 문제 상황에 대응했다. 어머니는 초반에는 함께하다가 G가 혼자 작업하도록 두고, 과자를 먹기만 했다. G와 작업하는 스타일이 다르고 또 G에게 면박을 받을까 봐 두려워 아예 참여를 안 하는 듯했다. G는 지붕을 만들기 어려우니까 층계처럼 쌓아서 지붕을 만드는 창의적인 모습을 보였다. G는 이때 디자인학과 진학을 위해 미술학원을 다니고 있었는데, 어머니는 미술학원 선생님에게서 G가 칭찬을 받았다며 흡족해했다.

• 땅 따먹기: 두 번째 회기에서는 서로의 상호작용을 좀 더 극대화하기 위해서 땅 따먹기 게임을 해보자고 했다. 그런데 시작부터 분위기가 좋지 않았다. G는 어머니에게 선크림을 너무 많이 발랐다고 퉁명스럽게 이야기를 했고 어머니는 공격적으로 맞받아쳤다. 그러면서도 게임을 하겠다고 해서 치료사가 몇 가지 규칙을 제시해주었고 원한다면 게임 규칙을 상의해서 바꿀 수 있다고 말해주었다. 예를 들어, 땅 따먹기 말이 외곽선에 반 이상 걸치면 그것을 인정해준다든지, 또 상대방의 땅을 통과하면 통과한 부분은 말을 친 사람의 것으로 한다든지 하는 부분이었는데, 두 사람의 사이가 너무 좋지 않으니 협의할 생각은 하지 않고 말없이 땅을 넓히는 것에만 몰두했다. 어머니도 G도 말없이 게임을 진행했다. 먼저 어머니가 땅을 크게 차지하겠다는 욕심으로 G가 진행할 수 있는 방향의 땅을 차지했다. 그러다가 G가 진행 방향이 막혀 대충하는 모습을 보이자, 그제야 어머니는 G의 반대쪽으

로 진행 방향을 바꾸었다. 무언가 열중할 때는 본인의 의사대로 진행하다가 뒤늦게 아니다 싶으면 그때서야 배려하거나 수정하는 모습을 보였다. 대화할 때에도 본인이 원하는 이야기를 다 한 후에나 G의 이야기를 듣는 등 G가 지속적으로 이야기했던 대로 상대방 이야기는 듣지 않고 먼저 자기가 하고 싶은 말만 하는 모습과도 유사했다. 이후에 G도 어머니 쪽 땅 모서리를 자기 땅으로 만들곤 했는데, 게임에서 나타나는 것은 서로 간에 경쟁하면서 지지 않으려고 하는 모습이었다.

땅 따먹기를 마친 후 함께 대화를 했다. 왜 이렇게 분위기가 좋지 않은지에 대해 각자의 입장에서 이야기하도록 했다. 어머니는 G가 너무 늦게 일어나고 지각과 결석이 많아 학원비며 피부과 병원비가 아깝다고 했다. 그러면서 오늘은 G를 깨우려고 아침에 발신자 표시가 되지 않게 전화를 몇 번 한 것을 아들이 알게 되어 싸우게 되었다고 이야기했다. G가 매우 화가 난 표정이라 어머니께 잠시 밖에서 기다려 달라고 양해를 구한 후 G의 이야기를 들어보았다. 헤어진 여자친구가 술을 마시고 새벽에 전화해서 받았는데 잠시 후 그 여자친구와 지금 교제 중인 친구가 전화해 통화 중에 서로 싸우게 되었다고 했다. 화를 채 삭이기도 전에 발신자 표시가 되지 않는 번호로 전화가 와서 조금 전 싸웠던 상대라는 생각으로 전화를 받고 보니 어머니였다. 이런저런 이유로 화가 나던 차에 어머니의 전화를 받고 참을 수가 없었다고 한다. 미술치료사는 G와 어머니 사이를 중재하기 시작했다.

G에게는 G의 입장이 이해된다고 달래고, 어머니가 전후 상황을 모른다는 점도 고려해줄 것을 당부했다. 그리고 어머니에게는 G의 생활을 일일이 조절해주지 말라고 조언했다. 설사 G가 늦잠을 자서 학원에 지각하거나 과

제를 못해 난감한 경험을 하더라도 그대로 놔두는 게 좋겠다고 했다. 그보다는 G와 어머니의 관계 회복이 더 큰 숙제라는 말도 덧붙였다. 어머니는 자신이 그렇게 행동할 수밖에 없었다고 말했지만 이내 치료사의 말대로 해보겠다고 약속했다.

이즈음 다시 입시철이 되었고, G는 수도권 대학의 컴퓨터디자인 학과에 합격했다. 대학 진학 후엔 한동안 학교생활이 바빠 2주에 한 번 정도로 만나게 되었다.

감정 그림

G는 한동안 대학 생활에 적응하느라 바쁜 듯했다. 어느 날 G가 다리에 깁스를 하고 왔다. 이유를 물으니 대학교 오리엔테이션에서 한 남학생과 시비가 붙어 싸우다가 다치게 되었다고 했다. 학과 친구들이 마음에 들지 않는다며 학교생활에 흥미를 가지지 못하는 듯 보였다. 감정 조절과 대인 관계는 G에게 여전히 중요한 숙제였다.

G는 현재 자신의 감정을 그림으로 표현해보고 싶다고 했다. 그렇게 해서 그린 그림이 도화지에 여러 개의 눈을 그린 오른쪽 장의 그림이다. '눈'은 외부 자극을 받아들이는 감각기관으로, 평가라든가 시선에 예민한 것을 의미할 때가 많다. G에게 "주변을 의식하고 또한 평가에 예민한 상태인 것 같다"라고 했더니 "요즘 그렇다"라고 했다. "매사에 예민하게 반응하고 엄마에게 짜증을 심하게 부려 죄송하다"라고도 했다. 그러면서 자기 휴대전화에 저장한 사진을 보여주었는데, G 방의 가구에 젯소를 칠하고 커다란 나무에 눈이 열매처럼 잔뜩 매달린 것을 그린 모습이었다. 반복해서 눈을 그리는 것이 아마도 G의 심리 상태를 반영하는 듯했다. '평가'와 관련해서 G와 앞으

눈을 여러 개 그린 G의 감정 그림

로 더 이야기를 나눌 필요가 있을 것 같았다.

　이 시기에 G의 어머니와도 개인 상담을 진행했다. 어머니는 초기 회기에서 G가 가진 문제에 대해 불평하고 자신이 힘든 점만 주로 이야기했다. 그러다가 회기가 진행될수록 힘들었던 과거와 더불어 자신이 후회하는 것에 대해서도 이야기하기 시작했다. G의 어머니는 스무 살에 결혼해서 아이를 양육한다는 것을 잘 몰랐고, 또한 아이를 낳은 지 얼마 안 되어 남편을 잃어 정신이 없었던 상황이라 G가 예쁘다는 생각도 못하고 살았다고 했다. 다른 사람에게 맡겨야 하는 상황이다 보니 폐를 안 끼치려고 아이를 혼내게만 되었고 어렸을 때 자신이 출근하면 울지도 않고 손을 흔들며 배웅하던 그 예쁜 아이를 지금 이렇게 만들었다며 많이 울었다. 영업이라는 직종 자체가 남자들이 많아 여자, 특히 아이 엄마에 대한 배려는 생각도 할 수 없었고 일을 잘하면 또 잘한다는 이유로 힘들게 해 너무나도 지쳤다고 했다. 어머니는 G에게 미안해하며 그때 못해준 만큼 지금이라도 G에게 사랑과 이해를 주고 싶다고 했다. 가장 후회하는 것 중에 하나가 학교에서 "선생님들과 아이가 갈등이 있을 때 항상 선생님 편에서 아이를 같이 혼냈던 것"이라고 했다. "이제는 어떤 일이든 내가 G를 믿어주고 편에 서줄 것이다"라고 했다.

G가 바뀌는 부분도 있었지만, 어머니도 달라지는 부분이 생기면서 두 사람의 관계는 약간씩 호전되기 시작했다. 큰 변화 중의 하나는, G가 미술치료 시간에 어머니에 대한 원망을 토로하기보다는 자신의 문제에 집중하기 시작했다는 점이다. 예전에는 자신의 문제에 대한 원인과 결과를 모두 어머니 탓이라고만 했는데, 조금씩 "내가 어떻게 해봐야겠지요"라면서 자신이 책임지고 변화시켜야 되는 것으로 표현하기 시작했다.

동화책 읽고 그리기

G는 친구가 많지 않았다. 그나마 몇 명 있던 친구들도 군에 입대해서, 재수하는 동안 혼자 있는 시간이 많아지자 외로움을 많이 느꼈다. 그래서 '친구'라는 주제와 관련된 동화책을 함께 읽고 그중에서 인상적인 장면을 그려보기로 했다. 그림으로 그릴 때 내용은 원하는 대로 바꾸어도 된다고 했다.

제시한 책은 『착한 거미, 조니』인데 줄거리는 다음과 같다.

조니는 아주 착한 거미였지만 아무도 몰라주었다. 조니가 오면 조니의 말을 듣지도 않고 다들 꺄아악 비명을 지르고 도망을 갔다. 메뚜기는 가시가 많고 냄새가 고약하다는 이유로, 벌은 시커먼 털북숭이 괴물이라며, 나비와 달팽이, 벌레도 징그럽고 괴상하다고 하며 모두 도망갔다. 조니는 "난……

난 그냥 물어보려고 했는데"라며 쓸쓸히 혼잣말을 했다. 사실 오늘이 생일인 조니는 모두와 케이크를 나누어 먹고 싶었지만 주위에는 아무도 없어 결국 혼자 생일을 축하하고 케이크를 다 먹어버린다. 여전히 아무도 조니가 착하다는 것을 모르지만 독자들은 착한 조니를 보면 뽀뽀를 해달라.

 G는 이 책에서 가장 인상 깊은 부분은 "왜 사람들은 내 마음을 모르지"라고 말하는 부분이라고 했다. 자기 주변의 사람들도 G가 겉으로 웃고 있으니 아무 생각 없이 사는 줄 알고 고민도 없다는 식으로 말한다며, 그런 말에 자신은 상처를 받았다고 했다. 몇 안 되는 친구들을 만나면 술 마시기에 바쁘고, 정작 하고 싶은 이야기를 들어줄 친구들도 아니기에 진지한 이야기를 하지 않게 된다고 했다.
 이 회기 이후 G는 우연히 자신에게 미술을 권했던 친구와 연락이 닿아 근황과 진로에 대한 이야기를 하게 되었다. 그 친구는 디자인으로 유명한 대학교를 다니며 차근차근 자신의 미래를 위한 준비를 하고 있다며 부러워했

동화 읽고 그리기

귀도 반 제네스텐의 『착한 거미, 조니』를 읽고

다. 그 친구처럼 사진을 찍으러 다니고 싶은데, 마침 그 친구가 자신에게 같이 사진을 찍자고 했다며 좋아했다.

G는 남들과 자신을 비교하는 것, 이상은 지나칠 만큼 높고, 목표에 이르기 위해 노력을 끈기 있게 하지 못하는 것 등의 문제가 있었다. 이번에도 그런 면이 보였지만, 나름 끈기 있게 몇 번씩 출사를 나가며 진로에 대한 열정을 불태웠다.

문제 행동 알아보기

G의 어떤 면은 달라졌지만, 여전히 불규칙적인 생활 습관이나 불성실한 태도는 남아 있었다. 한 학기를 끝내고 휴학을 한 뒤, G는 한동안 밤낮이 뒤바뀐 생활을 했다. 그러면서 스스로도 자기가 문제인 것 같다고 했다. G에게 어떤 문제가 있는지 '문제 행동'을 적는 것부터 해보자고 했다.

G는 "알면서도 하지 않는 것. 그럼으로 무언가 발전이 없는 것이 문제"라고 썼다. 군대라는 큰 숙제가 있는데 하고 있는 것이 없어서 두렵다며 내년에 군대에 가겠다고 했다. 어머니가 자꾸 짜증나게 한다고 하기에, 외부 상황(어머니)보다는 너 스스로가 초조하기 때문에 모든 것이 거슬리는 것이라고 했더니 곰곰이 듣고는 맞는 말이라고 수긍하기도 했다.

캔버스 작품

G는 군대를 가야겠다고 마음을 먹고 병무청에 알아보았다. 어차피 갈 것이면 빨리 다녀와서 이후 진로에 대해 좀 더 준비하고 노력하겠다고 했다. 이 그림은 진로 문제는 어느 정도 가닥을 잡았지만, 군대 문제와 여자친구와의 관계에서 혼란스러워하고 고민하던 시기의 작품이다.

'눈'은 외부 자극을 받아들이고 평가하는 감각기관인 만큼, 타인이 자신을 어떻게 볼 것인지, 또한 G 스스로 자신을 어떻게 바라보는지에 대한 물음과 평가가 내면에서 끊임없이 일어나고 있음을 알 수 있었다. 그림의 전체적인 분위기는 다소 무질서하고 편안해 보이지만은 않는다. 그냥 서 있는 나무는 흔하고 재미없어서 나무를 거꾸로 그렸다고 했고 피가 튀는 듯한 모습은 치료실 벽에 물감이 튄 모습이 마음에 들어 표현한 것이라고 했다. 빨간 네모는 왠지 이 색만은 칠하고 싶었다며 작업한 것이다. 왼쪽 하단의 물뿌리개 위에 여러 색으로 'X'자로 그은 것은 뭔가 허전한 것 같아서 그렸는데 마음에 안 든다고 했다. 그래서 흰색으로 지우겠느냐고 했더니 "그냥 이대로도 괜찮은 것 같아요"라고 말했다.

G가 그린 큰 눈 그림

미술치료 초기에 만났을 때에는 자기 합리화를 하면서 어머니 탓을 하는 데만 바빴는데, 이제는 커다란 구름에 큰 눈을 그림으로써, 자신을 평가하고 어떻게 문제를 해결해야 할까를 구체적으로 생각하게 되었다. 여기에서 G가 한층 성장하고 있다는 것을 알 수 있었다.

종결

G는 군대에 갈 날짜가 확정되자 한편으로는 편안한 모습이었다. 진로에 대해서도 제대 후 복학을 하면 학교 수업도 듣고 컴퓨터디자인 학원에 다니면서 편입을 준비하겠다고 했다. 예전에 G를 창의적이라고 칭찬하던 교수님이 계셨는데 스스로 생각해도 기술적인 면만 나아지면 편입도 어렵지 않을 것 같다는 기대를 보였다. 어머니는 자기계발서나 좋은 책들을 보면, 좋은 문구들을 G에게 문자로 보내주거나 메모해두는 등 G와의 관계를 개선하기 위해 노력하고 있었다. 여전히 두 사람은 가끔씩 다투기도 했다. 하지만 다툰 후에는 서로 잠시 생각할 시간을 갖고 감정을 가라앉힌 후 이야기를 하는 등 합리적인 갈등 해결 방안도 찾아갔다. 종결 즈음에는 G도 어머니에 대한 불만보다는 걱정과 연민의 감정을 더 많이 드러냈다. 군대 가기 전까지 집 앞 빵집에서 아르바이트를 했는데, 그렇게 모은 돈으로 어머니에게 패딩 점퍼도 사드릴 것이라고 했다.

이야기 그림 검사

다음 장의 그림은 종결 즈음에 한 이야기 그림 검사DAS: Draw-A-Story이다. 이야기 그림 검사는 열네 가지 자극 그림 중에서 두 개를 선택하여 대상들 간에 벌어질 일을 상상해서 그려보는 것이다. 자극 그림은 변형이 가능하고 자신의 생각을 첨가해도 된다. G는 사자와 사람을 선택했다. 그리고 "사자가 사는 들판에 사자가 나타나 위협을 하는데 사람이 어디 한번 해봐라라며 마치 이길 수 있는 듯이 깔보는 상황"이라고 썼다. 그림에서 보면 큰 사자가 으르렁거리고 있고, 오른편의 사람은 아무런 무기도 없으면서도 당

손글씨 (그림 안):
사자가 사는들판에서 사자와 내가 위협 하는데
사람이 어디한번 깨봐라 하면 마치 이길수 있는듯
낄 보는 상황

사자의 위협에도 당당히 맞서는 사람

당한 눈빛으로 사자를 쳐다보고 있다. 위기와 문제 상황에 좀 더 당당하게 맞서는 모습일까? 어쨌든, "이길 수 있는 듯이"라는 말에 무게를 실어주고 싶었다.

감정이라는 것이 항상 좋을 수만은 없다. 그러나 내면에 어느 정도의 힘이 생기면 예전보다는 탄력성이 생겨 감정이 추락하더라도 힘이 없을 때보다는 조금은 더 높은 곳에서 머무를 수 있게 된다. G는 처음 만났을 때 입버릇처럼 달고 다녔던 '죽음'이라는 단어를 더 이상 말하지 않았다. '어떻게 해야 더 높이 날아오를까'가 주된 고민이 되면서부터는 인정하기 싫어도 현재를 인정하고 한 계단 한 계단 올라가려는 마음을 먹게 되었다. 물론 알고 있다. 그 과정이 쉽지 않고 또 좌절하게 될지도 모른다는 것을. 그러나 빨리 가지는 못하더라도 G가 앞으로 꾸준히 나가게 될 것이라는 믿음이 생겼다.

사실 G는 치료를 시작하고 2년이 지난 후에도 꾸준히 오지 않고 지각도 많이 해서 치료를 지속해야 하는지 고민을 많이 하게 했던 내담자였다. 한 사람이 변한다는 것은 정말 쉬운 일이 아니다. 때로는 더 나빠지지 않도록 내담자를 붙들어주는 것도 치료자의 중요한 역할이다. 치료사가 치료를 함에 있어서 당장 빠른 변화를 보이지 않더라도 꾸준한 인내와 노력으로 내담자의 상태에 관심을 기울이는 것이 얼마나 중요한지 느낄 수 있었던 만남이었다.

9장

청소년
집단 미술치료

—

ART THERAPY

집단 미술치료는 개인 미술치료와 다른 여러 가지 장점을 가진 미술치료 방식이다. 집단의 장점은 무엇보다 비용 대비 효율이 높다는 것이다. 이는 미술치료사 편에서 보았을 때나 혹은 청소년 내담자 쪽에서 보았을 때 치료 비용—경제적 비용 뿐 아니라 심리적 비용도 해당된다—이나 효과를 가장 극대화할 수 있는 형태이기도 하다.

청소년 집단 미술치료의 가장 큰 장점은 무엇보다 또래와 함께한다는 데에서 나온다. 특히 청소년은 다른 연령대와 달리 개인 미술치료나 가족 미술치료를 강하게 거부하는 경우가 있다. 대체로 개인 미술치료는 내담자에게 개별적인 초점을 맞출 수 있기 때문에 설사 비협조적인 내담자라 할지라도 어느 정도 시간과 노력으로 해결되는 경우가 많다. 하지만 청소년은 다르다. 이 연령대의 내담자들은 '자발적으로' 개인 미술치료를 받으러 오는 경우가 많지 않다. 대부분 부모나 교사의 강권에 못 이겨 오게 되거나 학교나 법원 등에서 받는 처벌의 일환으로 오게 된다. 그래서 처음부터 비협조적인 태도를 유지하거나 치료사와의 권력 싸움을 지루하게 벌이곤 한다. 그에 비해 집단 미술치료는 집단원의 존재로 인한 이득을 조금 누릴 수 있다.

청소년 내담자는 집단에서 다른 청소년들을 만나는 것만으로도 어느 정도 안도감을 느낀다. 그리고 비록 자신은 자기 이야기를 많이 하지 않는다 하더라도 다른 집단원이 이야기하는 것을 듣는 데에서 대리적인 치료 효과를 누린다. 다른 사람이 감정을 표현하고 가족 이야기를 하는 것을 무심한 듯 보고 있지만, 나중에 이야기할 기회가 생겼을 때 "그때 그 친구 이야기를 들으면서 마음이 바뀌었다"라고들 한다.

청소년 집단에서는 한 명의 청소년이 자신의 이야기를 '개방'해주면, 그다음 다른 청소년들의 참여와 개방이 훨씬 더 쉬워진다. '자기 공개'가 가지는 강력한 힘과 영향은 이내 집단 전체를 따뜻하게 덥혀준다. "그저 구경만 하려고 들어왔어요"라고 말하던 청소년도 집단이 끝날 때 즈음에는 자신이 좀 더 적극적으로 참여하지 못한 것을 아쉬워한다. (대체로 미술치료사가 더 도와주지 않았기 때문에 자기 이야기를 더 못 했다고 원망하는 형태로 말하기는 하지만 말이다. 그럴 때는 다음번을 기약하는 수밖에.)

청소년 집단 미술치료의 어려운 점

이렇듯 의미 있는 청소년 집단 미술치료이지만, 진행을 힘들게 만드는 걸림돌도 많다. 청소년 집단 미술치료가 어렵게 느껴지는 것은 치료 과정 내부적인 요인도 있고 외부 요인도 있다. 먼저 내부 요인을 살펴보자.

• 반응의 비일관성
• 구성원의 영향

미술치료사 입장에서 청소년 집단 미술치료가 약간 어렵게 느껴지는 것은 어느 때는 반응이 즉각적이고 분명하게 보이고, 다른 때는 반응이 겉으로 보이지 않는다는 점이다. 그래서 지금 이 반응과 분위기를 보이는 대로 믿어야 하는 것인지, 아니면 보이는 것과 다른 면을 믿고 기다려야 하는 것인지

가늠하기 어려울 때가 있다. 동일한 청소년의 반응도 지난주와 이번 주가 상당히 다를 때가 있다. 그리고 이러한 반응 차이가 심리적 변화와 무관하게 그저 나타날 때도 있다. 그래서 어쩌면 미술치료사의 일관성과 평정심이 어느 때보다 더 요구되는지도 모른다.

두 번째로는 다른 어느 연령대의 집단보다도 집단 구성원이 누구냐에 따라 집단의 성격이 180도 달라진다는 점도 어렵게 작용하는 점이다. 미술치료사의 개입 방식이나 지지적 태도는 별로 달라진 바가 없다 하더라도, 참여한 구성원에 따라서 집단의 분위기와 성과는 확연하게 달라진다. 물론, 성인들이 참여하는 미술치료 집단도 구성원에 따라 분위기는 달라지기 마련이지만, 그 변화의 폭이나 강도에 있어서는 청소년 집단 미술치료가 단연코 최고봉이다.

집단 미술치료를 어렵게 만드는 외부 요인으로는 다음과 같은 것이 있다.

- 가족 문제
- 부모의 성격 문제
- 해당 기관의 몰이해와 비협조

청소년의 가족에게 별다른 문제가 없다면 모르겠지만, 대개의 경우 가족 내에 심각한 결함이 있거나 가족이 해체되는 위기를 겪고 있다. 가족이 격변을 겪고 있을 때에는 청소년 내담자가 자신의 문제를 해결해나가기 어렵게 되곤 한다. 경제적으로 상당한 곤란을 겪는 가정이라든가, 아버지나 어머니가 알코올과 관계된 문제가 있다든가 혹은 우울증, 부모의 이혼 위기 등의 문제가 있다면 청소년 내담자의 개별 문제 해결이 자칫 어려워질 수 있다.

두 번째로 지목할 수 있는 '부모의 성격 문제'는 가족 문제의 일부처럼 보이지만 그것과는 별개로 생각해보아야 한다. 청소년 자녀가 부모의 생각과 가치와 첨예하게 부딪히면서 갈등이 오래 지속된 경우이다. 이런 경우에는 청소년의 변화만으로 좋은 결과를 얻기가 어렵다. 개인 미술치료에서처럼 부모와 일 대 일로 만나서 짧게라도 이야기할 수 있는 상황이 되지 않을 때가 많으므로 집단 미술치료에서 더 걸림돌이 되곤 한다.

세 번째는 해당 기관의 몰이해와 비협조적 태도이다. 학교에서 집단 미술치료를 하게 되었을 때, 집단 미술치료를 그저 '이벤트'라고 여기거나 '미술놀이 시간' 정도로 여기는 경우에는 집단에 대해 본의 아니게 비협조적인 자세를 취하게 된다. 집단 치료가 진행되고 있는 시간에 불쑥 들어온다든가, 행정상의 필요가 있을 때 갑자기 집단 구성원을 불러낸다든가 하는 행동들은 모두 심리치료로서 '집단 미술치료'에 대해 잘 알지 못하기 때문에 하는 행동들이다. 기회가 되는 대로 미술치료사가 미술치료의 성질과 과정에 대해 설명하고 소개해야겠지만, 아무리 노력하더라도 '어이없이 힘 빠지는 상황'을 만나게 되곤 한다.

집단 미술치료 진행 방식

집단 미술치료가 진행되는 방식은 크게 두 가지인데 회기 시간과 지속 기간에 따라 나뉜다. 회기 시간이 짧고 지속 기간은 긴 방식과, 그와 반대로 회기 시간은 길고 지속 기간이 짧은 방식이다. 전자의 경우 일주일에 한 번, 회기당 1시간~2시간가량 진행되고 적어도 몇 달간 지속되는 집단이다. 학교에서 실시하는 경우 대체로 방과 후 프로그램처럼 운영하게 되며, 상담 센터나 복지관, 종교기관 부설 센터 등 외부 기관에서 하는 경우에는 일주일 중 하루, 특정 요일과 시간을 정해서 운영하게 된다. (학교의 학사 운영에 따라 학기별로 운영되거나 방학 동안 일주일에 두 번씩 한 달 반가량 운영되기도 한다.) 후자의 경우, 마라톤 집단처럼 2~3일 동안 하루 종일 몰아서 하는 방식이다. 그 외에 학생 수련 프로그램의 일부로 집단 미술치료가 편성되는 경우도 있다.

청소년 집단 미술치료의 과정

기본적으로 집단 미술치료가 잘 진행되고 치료적 효과를 얻기 위해서는, 청소년 내담자들이 미술에 반응을 보여야 한다.

간혹 미술 자체에 대해서 관심이 전혀 없고 집단의 작업에 번번이 찬물을 끼얹는 내담자도 있다. 그런 내담자는 주어진 미술 작업에 대해서 최소한의 에너지로 숙제하듯 해치우고 집단원들에게 말을 걸거나 장난을 치고 혹은 다른 일을 계속 꾸며내어 전체적인 집단 과정을 방해한다. 미술 작업에 집중하지 못하는 이유는 여러 가지가 있을 것이다.

그 이유 중 하나는 두려움이다. 자신의 마음을 들킬까 봐 두려워하는 청소년 내담자일수록 집단 미술치료 과정에 들어오지 못하고 애써 겉돌게 된다. 쓸데없는 농담을 하기도 하고, 친구들 작품에 기분 상할 말을 던지기도 한다. 자신의 작품은 일부러 더 우스꽝스럽게 그리거나 현학적인 추상화를 그린다. 그리고 자기 안의 감정을 내보이는 것을 두려워하는 청소년도 있다. 자기 감정이 너무 보잘것없는 것일까 봐, 혹은 무시당할까 봐 지레 겁먹고 허풍스런 태도를 취하는 것이다.

두 번째 이유는 게으르면서 자존감이 취약하기 때문이다. 특히 청소년 내담자 중에서 자신이 잘하지 못하는 것에 대해 기분 나빠 하면서 노력하지 않는 유형이 있다. 미술에 대해서도 못하는 것을 받아들이거나 배우려고 노력해보지 않고, 불평부터 하거나 짜증을 부린다.

M의 사례

M이 집단 미술치료에 참여하면서 자기소개를 할 차례가 되었을 때 처음 한 말은, "전 미술 정말 싫어해요"였다. 이런 소개는 그다지 놀랄 만한 것은 아니다. 집단 치료를 진행하다 보면 최소한 몇 명은 "싫다"라는 말로 자기소개를 시작하곤 한다. 그런데 이런 말이 자꾸 반복되어 나오면 집단 전체의 분위기가 가라앉기 마련이다. 필자의 경우에는 이럴 때 분위기를 조금 가볍게 만들어준다.

"오호~, 이번에 하는 우리 집단은 딱 반타작이군요. 미술 싫다는 사람이 반, 그런 말을 하지 않은 사람이 반, 그렇죠?"

"자, 시작을 그림으로 해도 되고 다른 것으로 해도 됩니다만, 도대체 우리 집단이 어느만큼 그림을 못 그리는지 파악을 좀 해야겠어요. 그래서 그림으로 시작합니다." (그러면 집단은 앓는 소리를 낸다. 그런 다음에 꽤 편하게 시작한다.)

집단 규칙과 비밀 보장의 원칙

청소년들은 '비밀'을 참 무겁게 생각한다. "너만 알고 있어야 해"와 같은 이야기가 관계의 친밀도를 나타내주는 말이 되는 데에서 알 수 있는 것처럼, 청소년들은 비밀을 공유하는 것을 중요하게 여긴다. 그래서 집단 치료를 시작할 때 집단 규칙과 비밀 보장의 원칙에 대해 잘 설명해주어야 한다.

- 집단 내에서는 어떤 이야기든 나눌 수 있다.
- 집단에서 한 이야기는 집단 바깥으로 나가지 않는다.
- 자신이 느끼거나 생각한 것은 다른 친구를 만나서 이야기해도 되지만, 집단원의 이야기를 하면 안 된다.

이와 같은 비밀 보장의 원칙은 미술치료사가 학급의 교사나 학부모를 만날 때에도 동일하게 적용된다.

"네가 말하길 원하지 않는데, 선생님이 다른 사람한테 이야기하는 경우는 없단다"라고 분명하게 설명해준다.

예외가 되는 경우도 있다. 자신이나 다른 사람을 다치게 할 가능성이 있는 경우이다.

집단에게 설명하고 동의를 받는 비밀 보장 원칙은 대개 첫 시간에 한 번 하는 것으로 충분하지만 청소년 집단에서 좀 무거운 이야기가 나왔거나 친구들 사이에서 모르던 학교 일이 나왔거나 혹은 남녀 간의 연애담이 나온 경우에는 다시금 상기시켜주는 것이 좋다.

"그리고 다들 잘 알겠지만, 우리가 집단에서 나눈 이야기는 바깥에서 해도 될까요? (아니요~) 그래요. 집단에서의 이야기는 집단 안에서만 하는 거랍니다. 바깥에선 하지 않아요."

말한 내용에 대한 비밀 보장에 비교하면, 미술작품에 대한 비밀 보장은 조금 더 느슨하게 적용되는 편이다. 요즘 집단 미술치료를 하게 되면 작품을 완성하고 나서 휴대전화로 사진 찍는 것을 자주 본다. 그럴 때 필자는 "잠깐만, 자기 작품 말고 다른 사람 작품 사진 찍어도 되는지 전체적으로 한번 의견 들어보자"라고 한 뒤, 집단 전체에게 의견을 묻는다. 거의 대부분, 작품에 대해서는 다른 사람이 사진 찍는 것에 우호적이었다.

미술 작업을 하고 난 다음에 작품을 가져가기 어려운 경우가 종종 있다. 사이즈가 크거나 보관하기 어려운 재료를 사용한 경우가 그러하다. 그런 때는 작품을 사진으로 남겨서 가져가도록 추천한다. 대부분은 그렇게 말하지 않아도 자기들이 알아서 먼저 사진으로 찍지만, 혹여 그렇지 않은 경우에는 사진으로 찍어 보는 것은 어떻겠냐고 제안해도 된다.

미술치료 집단에서
청소년들의 반응 유형

집단에 들어온 청소년들은 그 집단의 성격이나 모집 형태가 어떤 것이냐에 따라 약간씩 다르기는 하지만 대체로 다음과 같은 유형으로 나뉜다.

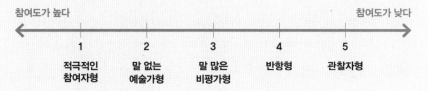

적극적인 참여자형의 청소년은 집단 과정에서 어떤 과제가 주어지든 적극적으로 임한다. 그림을 잘 그리든 못 그리든 그리려고 애를 쓰며, 최선을 다해서 표현한다. 자신의 그림에 대해서도 기꺼이 이야기하고, 질문을 받는 것도 즐긴다. 더 나아가 조금 더 적극적으로 다른 참여자들을 돕기도 한다. 어떤 때는 지나치게 다른 사람들을 도와서 문제가 되기도 한다. 하지만 길게 보면, 문제를 만들어내는 것도 좋은 치료적 결실을 얻을 수 있게끔 하는 과정이 된다.

말 없는 예술가형은 미술치료 집단에서 미술 작업은 열심히 하지만 자기 작업에 대해서 별다른 말을 하지 않는 내담자들이다. 이들은 종종 놀라운 실기 능력으로 다른 집단원들의 부러움을 한 몸에 받곤 한다. 아마도 다른 종류의 상담이나 심리치료에는 정말 반응이 거의 없었지 않을까 싶을 만큼 말수가 별로 없다.

치료사의 욕심 같아서는 그렇게 열심히 작업한 미술작품으로 이런저런 이야기도 하고 자신의 내면과 연결하는 모습도 보고 싶지만, 그렇게 되는 경우가 별로 없다. 그래서 이런 유형의 청소년 내담자에게는 작업 자체를 지지하고 필요하다고 하면 도와주는 것이 도움이 된다.

말 많은 비평가형은 위에서 설명한 '말 없는 예술가형'과 반대되는 유형이다. 이 유형의 청소년 내담자는 끊임없이 이야기한다. 말이 너무 많아서 종종 그 말이 핵심을 잃어버리게 될 때가 많다. 저 학생은 말을 하면서 자신이 무슨 말을 하는지 알고 있을까 하는 의문이 들 때도 있다. 그래서 말 많은 비평가형에게는 자신의 말을 핵심만 요약해서 다시 말해보도록 부탁하거나, 다른 집단원으로 하여금 그 사람의 말의 의미를 정리해보도록 하기도 한다. 물론, 말 많은 비평가형이 도움이 될 때도 있다. 집단원들끼리 어색한 분위기에서 머뭇거리고 있을 때 개의치 않고 자신이 보고 듣고 느끼는 것들을 말하며 자기 이야기를 거리낌 없이 하기 때문에 어떤 의미에서 촉진제 역할을 맡게 되는 것이다.

반항형은 대체로 집단 과정 전반에 걸쳐서 반항 세력으로 활약한다. 적극적으로 미술치료사에게 반대하고 따지는 경우도 있고, 소극적이라 겉으로 두드러지지 않아도 집단 치료 과정에서 끊임없이 초점을 흐리는 경우도 있다. 이러한 은밀한 반항형은 얼핏 보면 관찰자형과 구분이 되지 않는 듯한데, 집단 치료 전체 과정에서 비치료적 흐름을 계속 만들어낸다는 점에서 차이를 보인다.

관찰자형은 미술 작업에서나 대화에서 그다지 참여하지 않으면서 그저 지켜보는 유형의 집단 구성원이다. 이러한 관찰자형은 정중동靜中動의 미학을 가진 우리 문화권에서 드물지 않게 볼 수 있는 타입이다. 이들에게는 뭔가 말을 해야 한다는 것이 큰 압박으로 다가온다. 말을 많이 할수록 깨닫거나 채워지는 느낌이 아니라 힘이 빠지고 소진되는 기분이 든다. 말없이 바라보지만, 그렇다고 멍하게 있는 것은 아니다.

그렇다면 그저 지켜보는 것만으로도 도움을 받을 수 있는가? 필자의 견해로는 가능하다고 본다. 이것은 마치, 위험한 일을 하기 전에 상황 시뮬레이션을 하는 것으로 학습이 되는 것과 비슷하다. 혹은 모델링의 원리를 사용한 관찰 학습이 효과적인 것으로도 설명할 수 있다. 만약 관찰하는 것만으로 도움이 되지 않는다면, 관찰자형의 청소년 내담자는 그다음 주 회기에 오지 않을 것이다. 학교 규칙이라든가, 부모님 성화에 못 이겨서라든가, 여타의 이유가 있기는 하지만, 외부의 이유 때문에 도움도 되지 않는 곳에 와서 한두 시간을 참을 수 있을까? 이들은 자기의 방식대로 도움을 받기 때문에 집단 치료에 참석한다.

:: Z와 H의 사례 ::

그 집단에는 Z와 H가 있었다. Z는 권위주의적이고 강압적인 부모 때문에 계속 갈등하다가 우울증을 앓게 된 여고생이다. H는 부모의 이혼을 겪으며 반항적이고 폭력적인 행동을 하다가 집단에 참여하게 된 여고생이다. 집단 내에서 H는 적극적이고 열성적인 태도를 보였다. 그림을 잘 그리는 편은 아니었지만, 주어진 주제에 대해서 항상 맨 처음으로 시작하고 열심히 하곤 했다. 그에 비해 Z는 행동이 좀 느린 편이었다. 주어진 과제를 시작하는 것도 완성하는 것도 다른 집단원에 비해 한 박자씩 느렸다. 몇 번인가의 회기를 거치면서 H는 Z를 조금씩 도와주기 시작했다. 미술 작업을 할 때에도 "이렇게 해보는 게 어때?"라고 제안하면서 Z를 도왔고, 작업 결과물을 함께 보기 위해서 전시할 때에도 "이건 여기 위에 두는 게 더 좋겠어"라면서 Z의 작품을 손수 옮겨주기도 했다. Z와 H가 부딪히게 된 것은 공동 작업을 하면서였다. 공동 작업에서 H가 좀 더 주도적인 역할을 하면서 다른 집단원들에게 이렇게 해라, 저렇게 해라 시키는 말들을 자주 했다. Z는 중간에 화장실을 다녀오겠다며 나갔다 왔는데, 그 회기 마지막 시간에 공동 작업이 힘들었다는 말을 꺼냈다. 그렇게 해서 이야기가 시작되었고, H는 "내가 하지 않으면 아무래도 해결이 되지 않을 것 같아서" 그렇게 했노라고 했고, Z는 "누군가가 이래라저래라 하는 것이 너무 힘들다"라고 했다. H의 행동도, Z의 반응도 각자 자신이 가진 이슈의 반복이었다. 자신의 지금 행동이 다른 사람한테 어떤 영향을 주는가에 대해 짧게 확인하는 시간을 가진 뒤 이렇게 물었다.

"H야, Z야, 지금 잠깐 그 마음에 머물러 있을 수 있겠니? 힘들겠지만. (잠시 침묵) 지금 느끼는 그 마음은 여기 말고 다른 데서도 느껴본 마음일 거야. 그게 언제니?"

Z가 먼저 "엄마하고 있을 때요"라고 짧게 말했고, H도 "집안 분위기 차가울 때요. 뭐, 제가 뭘 한다고 해서 달라지진 않았지만요"라고 했다. 자신의 행동과 마음의 문제를 연결하는 작업, 그리고 그것이 잘 해결되지 않았음을 인정하는 과정이 그다음으로 이어졌다. H는 다른 사람의 작업보다 자신의 작업에 더 초점을 맞추기로 했고, 마찬가지로 부모의 이혼보다 자신의 진로에 초점을 맞추어보겠노라고 했다. Z는 '이래라저래라'의 외부 목소리에 좀 더 자기 의사를 명확히 표현하겠다고 했다.

공동의 주제와 개별 작업

청소년 집단 미술치료는 공동의 주제를 사용하되 개별 작업으로 진행되는 것이 대부분이다. 공동의 주제는 그때그때 집단의 필요에 따라 선정된다. 날씨가 무척 더운 여름에 진행된다면, 집단 치료가 시작하기 전에 아마도 날씨 이야기를 하고 있을 것이다. 그럴 때는 "견디기 어려운 날씨를 그려보자. 각자 자신이 생각하기에 견디기 참 어려운 날씨를 떠올리고 그것을 묘사해 보자"라고 주제를 줄 수 있다.

흔히 쓰지 않던 재료를 사용하는 경우에는, 재료에만 한정을 두고 나머지는 각자 정하도록 하기도 한다. 예를 들어, 나뭇조각을 사용하는 회기에는 나뭇조각과 그 조각을 붙이는 방법만 소개하고 각자 원하는 대로 작업해보도록 독려한다. 좀처럼 아이디어가 떠오르지 않아서 어려워한다면, 몇 가지 작품의 예를 들어서 보여줄 수 있다.

개별 작업을 하게 되면 집단원들은 각자 개성이 담긴 독특한 작품을 만든다. 저마다의 특성이 담긴 작품들을 한군데에 모아놓고 보다 보면, 이 커다란 우주를 구성하고 있는 다양한 사람들의 모습을 닮은 것 같다. 서로의 다름을 인정해주고, 어우러져 사는 연습이 필요하다는 관점에서 함께 감상할 수 있다.

집단에서의 공동 작업

집단 미술치료에서 가장 큰 백미는 역시 공동 작업 아닐까? 함께 만들어

그림 a   그림 b

내는 미술 작업은 그 과정 자체로 의미를 가진다. 함께 공동으로 미술작품을 만들다보면, 평상시에 자신의 대인 관계가 그 안에서 비슷한 패턴으로 재현된다. 또, 집단에서 마지막 작업으로 공동 작업을 하기도 하는데, 즐겁게 작업할 수 있는 놀이처럼 하기도 한다.

공동 작업을 할 때 미술치료 집단을 둘 혹은 셋 정도의 소그룹으로 나누는 게 좋다. 예를 들어 집단이 아홉 명으로 운영된다면, 네 명, 다섯 명으로 구성된 두 개의 소그룹으로 다시 묶어서 작업할 수 있다. 집단이 열두 명이라면 네 명씩 세 개의 소그룹이 나온다. 만약 집단 전체가 함께 공동 작업을 하게 되면, 빠지는 사람이나 뒤로 물러나는 사람이 생긴다. 하지만 집단을 소그룹으로 나누어서 작업하게 되면 그 안에서 빠지는 사람이 생길 확률은 줄어든다. 또, 재미난 현상인데 집단을 두 개나 세 개의 소그룹으로 나눌 경우에 소그룹 각각의 결속력은 상당히 강해진다. 원래 집단이 가지고 있던 결속력의 몇 배나 되는 느낌이다. 아마도 자연스럽게 다른 소집단과 경쟁하거나 비교하는 마음을 갖게 되기 때문이리라. 대개 이러한 경쟁력은 집단 과정을 더 강화시키는 촉진 요인이 되곤 한다.

그림 a는 플레이콘이라는 재료로 공동 작업한 작품의 예이다(그림 b는 작품의 세부 묘사를 보여준다). 이 작품은 네 명이서 함께 만든 작품인데, 플레이콘 사용법만 설명해주고 그 외의 모든 것은 네 명 집단원들이 결정해서 만든 것이다. 회기의 마지막 작업으로 진행했던 것이라 전체적인 분위기는 밝고 아기자기한 축제의 장이 되었다.

미술치료사가 주의할 점

집단을 이끌면서 미술치료사는 지지적인 어른으로 자리매김해야 한다. 어떤 때는 어리광을 받아주고, 까칠한 말들도 견디며, 미술 작업에서 구체적인 도움을 줄 수 있는 현실적인 조력자라야 한다.

미술치료사가 하기 쉬운 실수로는 미술작품에 대한 개인적 견해나 해석을 해서 내담자가 겁먹거나 마음이 상하게 되는 것이 있다.

필자는 오른쪽의 나뭇조각품이 동물을 만든 것인 줄은 알았는데, 곰인 줄은 몰랐다. 코가 돼지 코이기에, "돼지를 만들었어요?"라고 물었다. 그랬는데 알고 보니 곰이었던 것이다. 그렇잖아도 자신은 미술 솜씨가 없다며 기 죽어하는 내담자에게 얼마나 미안하던지! 얼른 미안하다고 사과했다. 사실 이런 것은 가벼운 오해로 생기는 상호작용이어서 치료적 작업

나뭇조각으로 만든 상징

동맹을 심각하게 훼손하거나 해치지는 않는다. 그런데 그림에 대한 섣부른 해석이나 '무엇은 무엇을 의미한다'라는 유의 지적 같은 발언은 비치료적이 되기 쉽다.

집단에서 그림을 해석해달라고 하면?

종종 청소년들은 자기 그림을 해석해달라고 주문한다. 어떤 때는 그 주문에 그저 있는 그대로 성실하게 응해주어야 하고, 다른 때는 그 주문을 완곡히 돌려서 다시금 내담자에게 주어야 한다. 그림 해석을 숨길 필요도 없지만, 왜 그런 해석이 가능한지를 생략하고 결론만 얘기하는 것도 평가받는 느낌을 강하게 줄 수 있으므로 좋지 않다. 그러므로 내담자에게 그림 해석을 해줄 때에는 다음의 다섯 가지 요소가 적절하게 섞여야 한다.

반영 + 관찰 + 느낌 + 해석 + (해석의 이유를) 설명

반영은 내담자가 질문하면서 직간접적으로 표현한 것을 다시 말해주는 것이다. 그림 해석에 대해 의구심이나 두려움, 호기심을 표현했을 때, 그러한 마음을 반영해준다. 관찰은 그림에서 보이는 것들을 보는 시선 그대로 말해주고 정리해주는 것이다. 느낌은 미술치료사가 내담자의 행동과 말, 그림에서 느껴지는 것을 전달해주는 것이다. 해석은 종합적으로 말해줄 수 있는 것이며, 이렇게 볼 수 있는 근거나 경향을 덧붙여서 설명해줄 수 있다.

이러한 예는 다음과 같다.

"네 작품이 어떻게 보이는지 궁금하구나."

"자기 생각이나 의도와 달리 부정적인 면이 표현되었을까 봐 긴장이 되는 것 같구나."

"그림이 정말 마음을 드러내는지 반신반의한다는 말로 들리는구나. 그래서 네 그림이 어떻게 보이는지 더 궁금하다고 느끼는 것 같네. 그러니?"

"먼저 ○○의 작품을 함께 보자. 자, 그림에서 어떤 부분이 눈에 띠니? 자유롭게 보이는 대로 말해보자."

"네 그림을 보고 있자니, 뭔가 하고 싶은 말이 많은 것처럼 느껴지는구나. 선생님이 느낀 게 맞니?"

"뭐랄까, 그림이 밝은 내용으로 그려진 것 같은데 이상하게 살짝 우울하다고나 할까, 아니면 외롭다고나 할까, 그런 느낌이 드는구나. 선생님이 이렇게 느껴도 될까?"

"전체적으로 보았을 때 복잡한 심경이 담긴 작품 같구나."

미술치료 이론에서 나오는 전반적인 해석 경향을 말해주고, 이 작품은 어떠한지에 대해 내담자의 의견을 구한다.

"검은색을 강조해서 쓰는 경우에는 마음에 맺힌 것을 드러내는 것이거나, 무언가를 강조하고 집중하기 위한 것일 때가 많단다. 네 그림에서도 검은색이 상당히 두드러지는데, 혹시 좀 더 강조하고 싶은 것이 있었는지, 아니면 네 마음에 맺힌 것을 보여주는 것은 아닌지 궁금하구나."

청소년
가족 미술치료

———

ART THERAPY

※ 10장의 내용 중 일부는 2014년 한국미술치료학회 춘계 학술대회에서 발표되었다.

청소년의 생활 적응이나 성취, 정서와 생각, 행동의 이면에는 여러 가지 요인들이 거미줄처럼 얽혀 있다. 청소년에게 복합적으로 영향을 주는 환경을 생각할 때 초점을 맞추어야 하는 것은 다름 아닌 가족이다. 가족이 건강해지면 청소년도 함께 건강해진다. 마찬가지로 아무리 청소년 개인이 노력한다 하더라도 가족의 변화가 없으면 종종 벽에 부딪히곤 한다. 만약 미술치료를 받는 청소년의 가족에게 변화와 돌파구가 절실히 필요하다면, 부모상담이나 코칭에 그치지 말고 더 나아가 가족을 대상으로 미술치료를 하도록 한다. 단 몇 회기만 하더라도 효과가 있다. 그만큼 절박할 가능성이 높기 때문이다.

가족 미술치료를 할 때 기억해야 할 점은 가족 중 누가 잘못했는가를 찾기 위한 것이 아니라는 점이다. 누구 '때문에' 이런 일이 벌어졌는가를 밝히는 것은 그저 문제를 덮어두기 위한 또 다른 희생양을 만들어내는 것에 불과하다. 누군가를 탓하거나 누군가의 책임으로 돌리는 것은 문제를 해결해주지 않는다. 그보다는 어떻게 가족 간 의사소통의 질을 변화시키고 문제에 대처하는 능력을 키울 것인가를 살펴보고 직접적인 도움을 주어야 한다.

가족 미술치료를 하자고 초대하면 대부분 자신은 그림을 잘 못 그린다면서 어려워한다. 그렇지만 이때의 미술이 그림을 잘 그리는 것과는 무관한 것임을 알려주고, 또 자신의 자녀가 받는 미술치료가 어떤 것인지 이해하는 데 도움이 된다는 점을 알려주면 부모들도 용기를 내곤 한다.

청소년의 문제를 풀어가는 데 있어서 쉽고 확실한 방법이 따로 있는 것은 아니지만, 가족을 치료의 장으로 초대하는 것은 도움이 될 때가 훨씬 더 많다. 몇 가지 가능한 방식을 정리하면 다음과 같다.

1. 부모 중 한 명을 미술치료 및 상담으로 만나기
2. 부부 갈등이 심한 경우 부부 상담으로 만나기
3. 가족 간 상호작용에 어려움이 있는 경우 가족 전체를 만나기
4. 가족 중 두 명을 쌍으로 만나기
5. 가족에게 주는 선물이라는 주제로 작업하기

부모 중 한 명을 미술치료 및 상담으로 만나기

청소년 내담자의 부모 중 한 명을 미술치료로 만나보면, 부모에게도 마음의 짐이 무거웠다는 것을 알 수 있다. 그 짐은 과거의 것이기도 하고 현재의 것이기도 하다. 때로는 그것을 말할 수 있다는 것만으로도 부담을 털어내고 좋아진다. 부모 중 한 명이 달라지는 것은 마치 변화의 엔진이 하나 더 생기는 것과도 같다. 청소년 혼자서 변화를 위해 애쓰는 것보다 당연히 더 큰 힘이 된다.

Q씨의 사례

Q씨는 40대 중반의 여성으로 아들이 학교생활에 잘 적응하지 못하고 산만하다는 이유로 심리치료를 받게 되면서 자신도 미술치료를 받고 싶다고 해서 만나게 되었다. Q씨의 첫인상은 조금 통통한 체구에 나이에 비해 어려

보이는 외모였다. 사업을 하는 남편과 외국에서 10여 년이 넘게 살았는데 아들이 상급 학교에 진학하면서 적응하기 어려워서 한국으로 들어왔다고 한다. Q씨는 외국에서 여러 사람들과 활발히 교유하고 재미있게 지냈는데 너무 오랜만에 고국에 돌아오니 여기가 낯설고 적응이 어렵다고 했다. 그리고 자신이 아들을 잘 돌보지 못한 게 아닌가 하는 의구심과 죄책감을 갖고 있었다.

가면 만들기

첫 회기와 두 번째 회기 때는 가면을 만들고 채색하는 작업을 했다. Q씨는 의욕적으로 가면을 만들면서 자녀들에 관해 많은 이야기를 했다. 처음에는 양육의 어려움과 고충을 토로하면서 자신이 얼마나 힘들었는가에 대해서 치료사를 설득하듯이 이야기했지만, 가면이라는 주제로 작업하면서 어떤 종류의 가면이든 벗어도 된다는 이야기를 하게 되었다. 그러면서 차차 자신에게 부끄러운 이야기들도 나누기 시작했다.

"둘째 딸이 새벽에 두 시간마다 깨서 소리 지르고 우는 통에 제가 잠을 거의 못 잤어요. 딸애는 지금 초등학교 2학년인데 야뇨증이 있어 기저귀를 차고 자요."
"제가 아들 키울 때도 잘해준 게 없어요. 아들이 세 살 때부터 돌봐주는 아줌마가 있어서 그 아줌마가 놀아줬지, 제가 뭐 해준 기억이 없어요."
"그 아줌마가 잘해주긴 했어도 아들한테 필요한 것은 엄마였을 텐데……전 화도 많이 내고 신경질도 부리고 그랬어요."

자녀를 키우면서 실수나 후회 없이 시간을 보낼 수 있다면야 가장 좋겠지만, 현재 상황에서 과거를 자꾸 돌이켜보아야 도움이 되지 않는다. 과거에 대한 반성은 현재의 변화와 연결될 때에 진정한 의미를 가질 것이다. Q씨에게 양육과 관련된 코칭을 조금씩 하면서 자기 내면의 힘에 집중할 수 있도록 돕기 위해서는 자신의 내면을 먼저 표현할 수 있는 장을 열어주어야 했다.

감정 그림 그리기

옆 장의 그림은 그렇게 해서 그리게 된 감정 그림이다. Q씨에게 자신의 감정을 그림으로 그려보자고 제안했다. 구체적인 대상으로 표현해도 좋고, 추상적으로 그려도 좋다고 말해주었다. Q씨는 잠시 생각하더니 지하에 쓰레기가 있고 그 위에 건물이 있는 모습을 그렸다. 그런 뒤 Q씨는 "내 마음속에 있는 침출수예요. 썩어서 언젠가는 분출할 것 같아요"라고 했다. Q씨는 이어서 말하기를 "전 도시를 좋아해요. 그래서 제 마음은 이렇지만 도시를 그렸어요. 남편은 닥치면 생각하는 스타일이지만 전 항상 미리 걱정을 하고 문제가 생길 때 대처하는 스타일이에요. 그렇지만 선생님은 저를 있는 그대로 받아주시면 좋겠어요. 저도 제가 어른 아이라는 것을 알고 있어요"라고 했다.

Q씨는 텔레비전에서 문제가 있는 아이를 치료하는 프로그램을 자주 본다고 했다. 그런 프로그램에서 전문가가 나와 문제 아이의 어머니를 매우 혼냈고 그 어머니가 우는 것을 친구들과 같이 본 적이 있다고 했다. 그때 "아니, 저 엄마가 가장 힘든데 왜 혼을 내? 위로가 필요한데"라고 했더니, 친구들은 저 엄마가 아이를 잘못 길렀으니 혼나야 한다고 했단다. Q씨는 그 말이 상처가 되었다고 했다. 아마도 프로그램 속 아이의 어머니와 자신을 동일시한 부분이 있었을 것이다.

"내 마음속에 있는 침출수예요."

Q씨에게 우리의 초점은 변화이며 변화하기 위한 힘을 찾는 데에 힘을 합치자고 했다. 때론 변화를 위해 과거의 잘잘못을 따지는 방법도 있겠지만, Q씨의 경우에는 용기를 북돋워주고 설명이 필요할 때 설명해주는 것이 도움이 되었다. 어쩌면 청소년 자녀를 둔 부모들 중 다수는 '몰라서 못하는 것'이 아니라 '알지만 잘 안 되는 것'을 경험하고 있는지도 모른다. 결국 핵심은 어떻게 하면 부모가 조금 더 좋은 방향으로 마음과 행동을 변화시킬 수 있는가 하는 점이다.

R씨의 사례

또 다른 경우를 보자. 이번에도 청소년 미술치료를 하는 과정에서 어머니만 따로 미술치료를 했던 사례이다. R씨는 두 아들의 어머니인데 첫째 아들

R씨의 사과나무에서 사과를 따는 사람

인 내담자에 따르면 둘째에 대한 편애가 심하다고 한다. 어머니는 그렇지 않으며 두 아들을 똑같이 사랑한다고 했다. R씨만 단독으로 만난 미술치료 개인 회기에서 청소년 내담자에게 제시하는 것과 동일한 주제인 '사과나무에서 사과를 따는 사람 그리기'를 했다.

R씨가 그린 내용은 예전에 두 아들과 함께 갔던 사과 따기 체험이라고 한다. 두 아들 중 미술치료를 받고 있는 내담자는 쪼그리고 앉아 곤충이랑 개구리를 보고 있는 모습이고, 다른 아들은 어머니와 마찬가지로 팔을 뻗어 사과를 따고 있다. 큰아들은 사과 따기에 가서도 사과 따는 것보다 다른 것에 더 관심이 많았다고 했다. 두 아들은 이렇듯 성향도 다르고 관심을 가지는 대상도 다르고, 하고 있는 일도 다르다. 거기에 덧붙여 어머니와의 관계도 달라 보였다.

R씨는 계속해서 두 아들이 좀 많이 다르긴 하지만 자신은 똑같이 대해주었고, 똑같이 사랑해주었다고 했다. 그러한 R씨의 입장도 가능한 한 헤아려주면서 함께 그림을 살펴보자고 했다. 우선 그림에 표현된 두 아들이 같거나 혹은 차이가 나는 점을 살펴보았다. 자세나 위치, 그리고 크기에서 차이가 났다. 큰 아들이 앉아 있는 자세라는 것을 감안하더라도 오히려 작은 아들보다 더 작게 표현된 것 같았다. 그림 속의 크기가 종종 마음에서 차지하는 심리적 크기를 보여주는 경우가 많다고 하자, R씨는 당황스러워했다. 그러면서 그림을 그릴 때는 두 아들이 좀 다르긴 하지만 둘 다에게 즐거운 모습을 그려주고 싶었다고 한다.

R씨에게 두 아들에 대해 느끼는 정이 다르거나 관계의 편안함이 다른 것은 충분히 그럴 수 있는 일이라고 말해주었다. 어머니를 더 닮은 자식이 있다면 말하지 않아도 서로 이해하기 쉬운 면이 있지 않겠느냐고 했다. 그랬더니 R씨도 그림에서 두 아들 간에 자신이 표현한 것에 차이가 난다고 했다. 그리고 그런 점이 자신이 느끼는 마음인 것 같다면서 큰아들에 대해서는 뭔지 모를 심리적인 거리감이 있다고 했다. 우리는 두 아들에게 똑같이 해주는 것보다는 서로의 다름을 인정하고 각각 맞추어줄 수 있는 것에 대해 더 이야기를 나누었다. 바라건대 앞으로도 그림이 거울 같은 역할을 해서 R씨가 자신의 마음 자세를 매만질 수 있기를 기대한다.

부부 갈등이 심한 경우 부부 상담으로 만나기

청소년 자녀에게 여전히 부모는 중요한 심리적 환경이다. 부모 자식 간의 관계가 양호하더라도 부부 갈등이 심한 경우에는 그 자체로 자녀에게 부정적인 영향을 주곤 한다. 청소년 자녀는 그럴 때 부모에게 직접 무엇을 말하지 못할 때가 많고, 자신의 학교생활 부적응이나 우울, 무기력 등 다른 행동상의 문제를 나타내곤 한다. 그래서 문제를 가진 청소년을 미술치료로 만나다 보면, 부모의 불화가 문제의 원인이라는 것을 발견할 때가 있다. 부모 상담으로 자리를 마련해서 부모도 자신들의 관계 개선이 필요하다고 동의하면 부부 상담 혹은 부부 미술치료를 진행하게 된다.

부부 미술치료에서는 그림 작업을 통해 서로를 새로운 시선으로 바라보도록 돕고, 상대방의 감정을 느끼는 시간을 마련한다. 부부 미술치료는 미술작품을 매개물 삼아 이야기하는 것이므로 부부 모두 서로에 대해 조금은 더 심리적인 거리를 가질 수 있다는 점이 가장 큰 장점이다. 사실 부부 문제는 서로 간에 독립성을 인정하면서 공감해주지 못해서 싸우는 것이기도 하다. 독립성과 공감은 건강한 심리적 거리를 가질 때 생기는 것인데, 이것이 없으면 상대방을 자기 마음대로 간섭하려 들거나 사소한 일에 감정적으로 되기 쉽다. 이런 경우, 한두 번의 회기만으로도 도움을 줄 수 있는 방법은 서로가 다르다는 것을 머리로 이해하고 감각적으로 경험하도록 하는 것이다. 구체적으로는, 성격 유형 검사MBTI를 실시하고 차이를 설명해주는 것도 도움이 되고, 그림을 통해 서로의 차이를 시각적으로 확인하도록 하는 것도 도움이 된다.

S씨 부부도 심리적 거리가 충분하지 않은 경우였다. 서로의 경험과 기대치가 다름에도 불구하고 매번 자신의 잣대로 상대방을 평가하고 실망하거나 상대방을 바꾸려고 애쓰다가 싸우게 되는 일의 연속이었다. 이들은 자녀 문제로 미술치료실을 찾았다가 본인들도 미술치료를 하게 되었다.

S씨의 사과나무에서 사과를 따는 사람　　　　　**S씨 부인의 사과나무에서 사과를 따는 사람**

　S씨 부부에게 사과나무에서 사과를 따는 사람을 그려보자고 했다. S씨는 자신은 정말 그림을 못 그린다며 시작하기 어려워했다. 그에 비해 부인은 쉽게 시작을 했다. 사과나무 그림을 보면, 남편은 여러 그루의 나무를 그렸고 부인은 한 그루만 그렸다. 그린 사람의 수도 그렇게 차이가 난다. 남편은 두 명―수레를 끌고 가는 사람도 있고, 나무에서 사과를 따는 사람도 있다― 을 그렸고, 부인은 한 명만 크게 그렸다. 이것은 마치 숲을 보는 것과 나무를 보는 것 같은 차이라고 할 수 있다. 서로 간의 유형이 상당히 다른 경우이다. 어느 쪽이 맞고 틀린 것이 아니라, 상대와 자신의 차이를 인식하고 인정할 수 있어야 한다. 일단 그림에서 나타나는 차이를 눈으로 확인하는 것만으로도 '서로 다르구나'를 다시 한 번 볼 수 있었다.

　차이를 인정하고 수용하는 것은 얼마나 어려운 일인가. 우리나라에서 유행하는 '혈액형별 성격'이라는 것을 잠시 이야기해보면, 사실 이것은 학문적 근거가 없는 것이다. 혈액형에 대한 오해나 선입견 때문에 단점이 있긴 하지만, 사람들마다―혹은 혈액형마다―서로 다를 수 있다는 것을 받아들이게 해주는 점은 꽤 큰 장점이다. 유형론은 바로 그런 점에서 마음의 지평을 한

뺨쯤 넓혀준다. 상대가 나와 다르므로 무조건 내가 옳고 네가 틀린 것으로 판단해서는 안 된다는 것을 알려준다. 어쨌든 S씨 부부도 서로의 차이를 시각적으로 확인하는 작업들을 부단히 해나가면서 서로가 '다르다'는 것을 수용하게 되었다.

가족 간 상호작용에 어려움이 있는 경우 가족 전체를 만나기

가족을 모두 함께 만나서 미술치료를 하는 것은 특히 가족 간에 상호작용이나 복잡한 관계망을 함께 이해하려고 할 때 도움이 된다. 요즘은 대부분 핵가족이어서 가족 전체를 만나더라도 단출한 자리가 되곤 한다. 청소년 내담자의 가족이 한 자리에 모이면, 의외로 서로 어색해하기도 한다. 아마도 부모가 각자 바쁘고 청소년 자녀도 바쁜 시기를 보내는 중인데, 문제가 있어서 만나게 된 자리라 어색해하는 것 같다. 그럴 때에는 미술치료에 대한 간단한 구조화와 더불어 가능한 한 편안한 자리가 되게끔 안심시키는 시간이 꼭 필요하다.

U 가족의 사례

U의 가족은 U와 어머니가 자주 부딪히면서 가족 미술치료로 만나게 되었다.

가족이 모두 모여서 '우리 가족이 풀어야 할 문제'라는 주제로 각기 그림을 그리게 되었다. 그림을 그리기 어려워서 보고 따라 그릴 수 있는 간단한 자극 그림•도 제공했다. 아버지는 1번 그림을 그리고 옛날 이야기를 자꾸 꺼내는 것이 문제라고 했다. 결혼한 지 벌써 얼마나 지났는데 아직까지도 예전과 비교해서 달라졌네, 어떠네라고 하는 점이 문제라고 덧붙였다. 어머니는 2번 그림을 그리고 대화가 없는 것이 문제라고 했다. 마지막으로 U는 자신과 어머니가 싸우는 게 문제라고 했다(3번).

그림을 완성한 다음, 나란히 세워 두고 각각의 그림에서 장점 혹은 신기한 점을 하나씩 찾기로 했다. 아버지 그림과 어머니 그림에서는 어머니(면사포 쓴 여인, 병아리)가 크게 그려진 것이 신기한 점이었다. 실제 신장은 아버지가 더 컸지만, 그림 속에서는 어머니가 더 크게 그려졌다. 그리고 U의 그림에 대해서는 부모와 달리 누굴 닮았는지 그림을 참 잘 그린다고 했다. 더불어

• 이야기 그림 검사(Draw-A-Story)에서 사용하는 자극 그림을 제공했다. 그 자극 그림에는 공룡, 병아리, 쥐, 고양이, 뱀, 면사포 쓴 여자, 아이, 모자 쓴 남자, 파이프 문 남자, 낙하산 탄 사람, 성, 화산, 나무, 칼 등이 있다.

그림 속 공룡이 무시무시한데 그래도 제일 생동감 넘친다고도 했다.

그림 속 크기가 마음의 크기이거나 관계에서 우세를 가진 정도를 보여준 다고 하자, 가족은 모두 어머니를 지목하며 그것 보라면서 역시 그렇다고 했 다. 어머니는 자신에게 힘이 있을 리 만무하다며 오히려 자신은 가해자라기 보다 피해자에 가깝다고 항변했지만, 어머니가 그린 그림에서조차 자신을 나타내는 병아리가 훨씬 더 커서 공룡을 위협할 수 있을 것 같다는 말에는 수긍했다. 누가 잘하고 잘못하고를 찾는 것이 목표가 아니라, 가족 모두가 조금 더 편안해질 수 있는 변환점을 발견하는 것이 목표라고 다시금 강조하 면서 함께 정리한 내용은 이러하다.

- 아버지는 크기가 작더라도 강력한 공룡이라는 점을 기억하기. 그러므 로 신혼 때처럼은 아니라 하더라도 대화의 물꼬를 틀 수 있는 힘이 있 음을 기억하고 노력하기.
- 어머니는 자신이 피해자라는 생각을 하지 말고, 가족 내에서 얼마나 큰 힘을 가지고 있는지 기억하기. 더불어 아들이 이제는 많이 장성했음을 인정하고 조금 더 개별성과 독립성을 존중해주기. (크기가 비슷한 공룡이 두 마리 있으면 결국 서로 싸우지 않겠는가 말이다.)
- 아들은 자신이 가진 풍부한 환경과 능력을 인식하고 그 힘을 파괴적인 데에 쓰지 말고 자기 앞날을 개척하는 데 쓰기. 진정한 독립은 경제적 능력을 갖추고 자기 삶을 스스로 책임지는 자리에까지 가는 것임을 잊 지 말기.

가족 중 두 명을 쌍으로 만나기

때로 가족 전부는 아니지만 두 명을 함께 만나기도 한다. 두 명만 만나기 때문에 서로 함께 주고받는 작업을 하기가 좋다. 그림을 통해서 하거나 점토 작업을 하면서 말로 주고받는 상호작용 대신 미술작품을 통해 상호작용 할 수 있다.

방법 1. 그림의 시작은 각자 하도록 한다. 그런 다음 서로 도화지를 교환 하여 덧붙여 그려 나간다. 마치 말을 할 때 상대방과 서로 주고받는 것과도 유사하다. 다른 사람의 요청을 헤아리는지 혹은 묵살하는지, 자신의 의견만 을 말하는지 아니면 다른 사람의 말에 귀 기울이는지, 자신 있게 말하는지 아니면 주눅 드는지 등 다양한 상호작용의 모습을 살펴볼 수 있다.

방법 2. 점토로 자신을 상징하는 것을 만든다. 그런 다음, 상대방의 작품 에 어울릴 상징물을 만들어서 배치하도록 한다. 자신의 상징은 어떤 것으로 만드는지, 그리고 상대방 작품에 어울릴 상징물로는 무엇을 만드는지 살펴 볼 수 있다. 상징물들 간의 유사성이나 차이점은 가족 관계의 특성을 반영 하고 있을 때가 많다.

방법 3. 공동의 작품을 만든다. 둘이 힘을 합쳐 공동 작업을 할 때, 주제 와 구체적인 방법을 어떻게 정하고 진행하는가를 볼 수 있다. 각각의 과정에 서 누가 더 주도적인 역할을 하는지, 누가 따라가는지, 아니면 의견이 다를 때 조절은 어떻게 하는지 살펴보도록 한다.

O 부자의 사례

중학교 3학년 남학생인 O는 소심하고 학교에서 친구들과 잘 지내지 못하는 편이었고, O의 아버지는 전문직에 종사하시는 분으로 자기주장이 강하고 O에게 엄격한 편이었다. 미술치료 시간에 O와 아버지를 함께 만나기로 했다. 두 부자에게 그림과 점토 중 어떤 것을 선택하겠느냐고 하니 아버지가 대뜸 그림은 못 그린다고 거절했다. 천사점토라는 부드러운 흰색 점토를 드렸더니 각자 그 점토로 자기 상징물을 만들었다. O는 낙타를 만들었고, O의 아버지는 곰을 만들었다.

그런 뒤 상대방의 작품에 어울릴 상징을 만들어보자고 했다. O는 곰 옆에 나비를 만들어주었다. 아버지는 O의 낙타가 단봉낙타보다는 쌍봉낙타인 것이 더 어울리겠다며 혹을 만들어서 등에 붙이고 그것이 선물이라고 했다.

사막 지방에서 사는 가축인 낙타를 만든 것과 야생으로 살거나 혹은 사육당하는 곰을 만든 것도 나름대로 의미가 있어 보였다. 더불어 어울리는 대상을 만들자는 제안에 대해 두 사람이 다르게 반응을 한 것도 관계를 보여주는 것 같았다. 간섭과 훈육의 차이라든가, 상대방의 필요나 욕구를 헤아리는 것, 그리고 아무리 가까운 가족이라 하더라도 각자의 영역이랄까 독립성에 대해 인정하고 보호하는 것에 대해 이야기를 나누었다.

그 회기를 마무리하면서 "선물은 받는 사람이 정말 좋아할 때 가장 큰 의미를 지니는 것 같아요"라고 말해주었다. 나중에 O는 그때 미술치료사가 했던 그 말이 참 좋았다고 했다.

V 자매의 사례

이번 사례는 자매간에 다툼이 심해서 개인 미술치료 과정 중에 자매를 위한 미술치료 회기를 진행했던 경우이다.

　내담자 V는 중학교 여학생인데, 초등학교 4학년인 여동생과 자주 싸우고 사이가 좋지 않았다. 동생은 요구가 많고 특히 비싼 인형 장난감을 사달라고 떼를 쓰며 원하는 대로 해주지 않으면 집을 엉망으로 만들어놓아 V가 많이 때리곤 했다.

　V와 여동생을 미술치료 회기에서 함께 만나기로 했다.

공동 작업으로 과자 집 만들기

　첫 번째 자매 회기에서 다양한 과자를 주고 집을 만들자고 했다. V는 동생이 옆에서 계속 이야기하며 상의하자 귀찮아하는 티를 냈다. 동생은 문이나 벽, 지붕을 세우는 것에 신경을 많이 썼는데 과자로 만들어 지붕을 만들기 어렵다고 했음에도 계속 지붕을 만들고 싶어했고, 또 문을 만든 후에는 옆에 문지기를 만들려고 했다. 지붕이나 문, 문지기를 만드는 데 유독 집중하는 동생의 모습에서 안전에 대한 욕구가 많고, 보호받고자 하는 마음, 불안감이 높다는 것을 알 수 있었다. V는 처음에는 예쁘게 꾸미다가 작업이 마무리될 때쯤 집 안에 초코 과자와 작은 해바라기 씨가 든 초콜릿을 여기저기 두었다. 무엇이냐고 물으니 "우리 집에 바퀴벌레가 많아서요. 그리고 베개도 많아요. 동생이 던진 것들"이라고 했다. 두 자매는 서로 얼굴을 마주보더니 "우리 집은 항상 지저분하다"라고 웃으며 말했다. V는 동생과 달리 혼자 쓰는 침대와 방을 만들었는데, 개인 공간을 원하는 모습을 알 수 있었다. 두 아이에게 작은 카드를 준 후 우리 집이 달콤한 과자 향기가 나는 집이 되려면 어떻게 노력해야 하는지 적어보라고 하니 V는 "동생이 화 안 내고, 나도 동생에게 예쁘게 말하면 된다"라고 쓰고 동생은 "쓰레기를 쓰레기

통에 버리고 정리 잘하기"라고 적었다.

작품에서 드러난 두 아이의 성향에 대해 "언니는 개인 공간을 원하는 데 반해, 동생은 안전에 대한 욕구가 높아 누군가가 보호해주었으면 하는 마음이 강하고 불안감이 높아. 부모님이 바쁘시니 자꾸 V를 의지하게 되지. 동생은 언니가 쉬고 싶을 때는 잠시 자리를 비켜줘. 그리고 언니가 기분이 나아지면 언니에게 말을 걸고. V는 동생의 불안한 마음을 이해해줘. 동생은 이러한 불안한 마음을 대신할 만한 어떤 것이 필요하기에 비싼 장난감을 필요로 하는 거야"라고 말해주니 V는 눈물을 흘렸다.

땅 따먹기한 뒤 자신의 왕국 그리기

V와 동생에게 전지 크기의 종이 위에 손가락으로 튕길 수 있는 납작한 구슬과 연필, 지우개를 준 후 땅 따먹기 게임 규칙을 설명해주었다. 땅 따먹기는 손가락으로 구슬을 세 번 이내에 튕겨 자신의 땅으로 돌아오는 것이 기본 규칙인데, 외곽으로 납작한 구슬의 반 정도 걸쳐 있다면 유효한 것으로 인정한다든가 다른 사람의 땅을 지나쳐 가면 그 땅을 벗어난 부분은 자신의 땅으로 인정한다든가 하는 부분은 서로 상의해서 결정할 수 있다고 말해주었다.

자매는 예전 회기 때보다는 좀 더 편하게 이야기를 하며 규칙을 정했다. 게임을 하는 동안 동생은 큰 땅을 차지하려고 매우 욕심을 부렸는데 V가 땅을 차지하려고 할 때면 "밖으로 나가라, 나가라, 못해라, 못해라"라고 계속 말해 V가 짜증 낼 만한 상황을 계속 만들었다.

동생은 욕심이 많고 그것을 밖으로 표출해서 거부감을 불러일으켜 관계가 힘들어지는 경우가 있으리라 추측되었다. 땅을 다 차지한 후 각자의 땅에

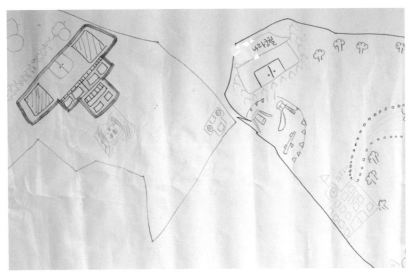

V와 여동생의 땅 따먹기 그림

원하는 것을 그리도록 했다. V는 자신의 땅에 비슷한 크기의 궁궐, 공원, 학교 등을 그린 반면 동생은 땅의 가운데에 큰 궁궐을 그린 후 "자신은 왕, 엄마는 여왕이고, 언니는 죽어서 엄마가 깃발에 언니 얼굴을 그려 성 위에 매달아두었고 아빠는 아예 생각조차 안 했다"라고 했다. 언니에 대해서 양가적인 감정을 가지고 있고 두 아이 모두에게 아빠의 존재는 매우 미약했다.

그림을 보면서 자매와 함께 느껴지는 점, 생각해볼 점을 나누었다. 그림에서 보듯, V는 학교며 가족, 친구들이 마음속에 비슷한 정도로 자리 잡고 있지만 동생은 원하는 것이 있으면 그것이 매우 크게 자리 잡는 성향인 듯하다. 그렇다 보니 애정을 원하는 대상에게도 자신이 원하는 만큼을 바라게 되고 그것이 충족되지 않으면 서운하고 미워지기도 하는 것 같다고 말해주었다. 두 사람은 각자 어떤 면을 생각하는 듯했는데, 어쨌든 서로가 다르다는 점에 대해서는 공감대를 가질 수 있었다.

이후 동생은 놀이치료를 받게 되었고, V는 개인 미술치료로 계속 만나게 되었다.

가족에게 주는 선물

가족에게 주는 선물이라는 주제는 청소년 미술치료에서 한 번씩은 꼭 하게 되는 주제이기도 하다. 어느 정도 가족 간 관계 갈등이 해소되는 과정에서 자신에게 주는 선물, 혹은 가족에게 주는 선물을 이미지로 그리거나 만드는 작업을 하는 것이 도움이 된다.

N의 사례

N은 중학교 2학년 남학생으로 미술치료 후반부에 '가족에게 주는 선물'이라는 주제로 콜라주 그림을 만들었다. 잡지에서 가족에게 주고 싶은 선물 이미지를 잘라 붙이고 그 이유에 대해서 써보기로 했다. N은 아버지에게는 운동복을 선물했고, 어머니에게는 화장품, 그리고 자신에게는 컴퓨터를 선물했다. 아버지에게는 처음에 양복을 선물하는 것으로 하고 싶었는데 마음에 드는 이미지를 못 찾았고, 또 한편으로 운동이 필요하실 것 같다고 했다. 어머니에게 드리는 선물은 어머니가 매일 화장품을 사고 싶다고 해서라고 했다. 자신은 노트북 컴퓨터가 꼭 갖고 싶어서 이미지를 못 찾았지만 그림으로 그렸다고 한다. 완성된 콜라주 그림에서 어설픈 면이 보이긴 하지만 상대방에게 필요한 것을 생각하는 시간을 마련해주었다는 점에서 의미를 가진다.

V의 사례

앞서 자매와 가족 치료를 했던 V의 개인 미술치료 회기에 자신의 '상처'를 주제로 작품을 만들자고 했다. V는 작은 크기로 지점토와 나뭇조각으로 아이를 감싸 안고 있는 사람을 만들었다. 사람은 조금밖에 못 사니까 나무를 만들었다고 했는데 나무 끝에 지점토로 얼굴 같은 것을 만들어서 오히려 사람처럼 보이게 했다.

다음 회기에는 상처를 회복시키는 작업을 제안하니 아기에게 리본 장식을 해주고 우는 얼굴을 그려주었다. 그리고 그 아기를 뒤에 안고 있는 웃는 얼굴의 어른을 그렸는데, "이건 우는 아이를 달래주고 있는 모습이에요. 우는 아기가 귀여워서 웃는 거고요"라고 말했다.

선물이 된 V의 회복 작품

이렇듯 상처와 고통을 미술 작업으로 표현한 후에, 그 상처를 회복시키는 작업은 종종 내담자 본인에게 치유의 선물이 될 때가 많다.

11장

게임 중독 청소년 미술치료 사례

ART THERAPY

무엇인가에 깊이 몰두하는 것과, 그것에 빠져서 중독되는 것에는 어떤 차이가 존재할까? 단순히 대상이 무엇이냐에 따라 몰두한다고 칭송받고 혹은 중독되었다고 지탄받게 되는 것일까? 어떤 것은 중독성이 있는 것이라고 하고 다른 것은 중독성이 없다고도 하지만 사람에 따라서는 그 분류가 잘 맞지 않을 수도 있다. 그렇다면 몰두나 중독으로 인해 생기는 결과가 무엇이냐에 따라 평가받는 것일까?

사람은 누구나 무엇인가에 깊이 빠지고 싶은 욕구가 있다. 때로 그 대상이 자신의 일이어서 좋은 결과물을 가지고 올 때도 있고, 혹은 취미 생활에 깊이 몰두해서 나중에 취미가 제2의 직업이 되기도 한다. 그리고 지금부터 함께 살펴볼 경우처럼 게임에 지나치게 시간을 많이 쓰게 되면서 문제가 되는 경우도 있다.

청소년의 경우 무엇 하나에 매료된다면, 시간과 열정, 모든 에너지를 다 기울여서 그것에 푹 빠지게 된다. 빠지는 것 자체를 스스로 조절할 수 있다면 좋겠지만, 여의치 않다면 도움을 받는 것도 차선책이 된다. 치료 과정에서 중독의 상태와 원인을 이해하고 가능한 한 좀 더 근원적인 해결책을 찾기 위해 노력하게 된다.

다수의 중독은 마음이 허虛하고 의욕이 낮은 상태에서 시작된다. 목적지가 부재한 상황이라거나 잊어버리고 싶은 무엇, 혹은 탈출하고 싶은 상황이 있다면 중독은 좀 더 쉽게 진행된다. 따라서 중독에서 벗어나는 것은 단순히 '그것을 하지 않도록 함'에 그치지 않고, 중독에 이르게끔 되었던 마음과 상황을 변화시키는 데까지 힘을 써야 한다.

구체적인 사례

P의 소개

P는 10대 후반의 남학생으로 현재 학교를 다니지 않고 있다. 그는 하루의 대부분(평균 14시간 이상)을 컴퓨터 게임만 하다가 결국 부모 손에 이끌려 치료를 받으러 오게 되었다. P의 첫인상은 헝클어지고 삐쭉한 머리에 부스스한 모습이었고, 슬리퍼를 신고 온 모양새가 마치 집에서 자다가 막 나온 듯했다.

P가 게임 중독에 빠지기 시작한 것은 초등학교 때로 거슬러 올라간다. 초등학교 4학년에 올라가면서 종종 학교 수업에 빠지기 시작했는데, 수업 중간에 집에 와서 게임을 하기 시작한 것이 게임 중독의 출발이었다. 부모님은 각각 회사와 학교 근무로 바빠서 P가 방과 후에 어떻게 지내는지 신경을 쓸 여력이 없었던 듯하다. 중학생이 된 P는 친구들과 주로 어울렸고 고등학교는 대안학교로 진학했다. 그 학교는 전교생이 기숙사 생활을 하는 곳이었는데, P는 학교 기숙사를 탈출해서 한 달 동안 피시방에서 살다시피 하기도 했다.

현재 P는 학원에 다니면서 검정고시와 대학 입시를 준비하고 있다. 여전히 컴퓨터 게임을 하고 있고, 이러지 말아야지 하면서 게임만 하고 있는 자신의 모습에 많이 불안해했다.

P의 말말말

- "게임이요, 그게 너무 좋아서 하는 게 아니에요. 그냥, 할 게 없어요."
- "일찍 결혼하고 싶지만 나 같은 아들 낳을까 봐 걱정이 되어서 결혼을 못하겠어요."
- "너무 말썽부리고 부모님 속 썩여서 죄송하죠."
- "중학교 3학년 때 나름 열심히 했는데 성적이 안 오르더라고요. 몰라요. 안 될 것 같아요."
- "부모님은 안 그런데 전 왜 이런지 모르겠어요. 부모님은 전문직에 종사하시는 분들인데, 전 못났어요."

자극 단어 제시하고 그림 그리기

P와 미술치료로 만나면서 어떻게 이야기를 시작할까 고민이 되었다. 조금 쉽게 출발하는 방법으로 여러 가지 단어를 들려주고 그중 마음에 와 닿는 것으로 주제를 삼아 그림을 그리는 방법을 사용하기로 했다.

"자, 다음 중 마음에 드는 단어가 있으면 그걸로 그림을 그려봐. 왕, 왕비, 공주, 왕자, 마녀, 까마귀, 마법의 호리병, 파랑새, 두꺼비, 바위, 비밀의 문, 샘물, 하늘을 나는 양탄자, 백마, 곰, 오래된 나무, 숲의 정령, 이야기하는 거울, 마술피리, 이야기하는 돌, 불 뿜는 용."

P는 그림을 그린 뒤 다음과 같이 썼다.

마녀의 까마귀가 갑자기 불 뿜는 용으로 변하여 마녀를 잡아먹는다. 그

백마 탄 왕자와 용의 전투

이후로 용은 마녀의 지식을 얻어 참 똑똑한 용이 되어 마녀의 인격처럼 마을 사람을 다 괴롭힌다. 그래서 왕궁의 왕자는 이를 보고 백마를 탄 후 용과 전투를 치르러 간다. 힘든 싸움 끝에 백마 탄 왕자가 이긴다.

마녀의 까마귀는 무엇을 상징하는 것일까? 아마도 마녀가 길렀고 길들인 대상이었을 텐데, 갑자기 돌변해서 마녀를 잡아먹었다니…… 뭔가 주객이 전도된 대상이거나, 혹은 통제가 어려워진 대상을 의미하는 것일까? 어찌

보면 컴퓨터 게임도 P에겐 마녀의 까마귀 같은 존재일 수 있겠다.

가면 만들기

P는 원숭이 가면을 만들고, 이 원숭이는 인간이 되고 싶은 손오공이라 했다. 인간이 되느냐의 여부는 옥황상제가 허락해야만 한다면서, 원숭이의 노력에 따라서 변할 수도 있겠지만 그건 상당히 힘들다고 했다.

그 이야기를 들으니, P는 스스로도 변화하고 싶은 마음이 있으나 자신감이 부족하고 외부에 존재하는 좀 더 강력한 힘, 어떤 기적적인 힘을 기대하는 듯했다. 그러고 보면, 가면을 만들면서 손오공 이야기보다는 오히려 옥황상제에 대해 말을 더 많이 한 것 같다.

8회기가 되었을 때 P는 한결 단정한 모습으로 나타났다. 그는 앞으로 과외를 받으며 검정고시를 준비할 계획이라고 했다. 그러면서 예전에 학교 다닐 때의 이야기를 잠시 했다. "기숙사에서 생활할 때 너무 개념 없는 아이들 때문에 힘들어서 내가 좀 정신을 차리고 노는 애들을 가르치려고 하니 그 아이들이 눈치를 주었다. 난 공부 잘하고 관계도 좋은 사람이 되고 싶다. 또한 말을 기분 나쁘지 않게 하는 사람이 되고 싶다. 타인에게 존경을 받고 싶다"라고 말했다. P의 이야기를 듣고 있으면 P가 생각이 전혀 없다거나 막힌 구석이 있다거나 하는 것은 분명히 아니었다. 오히려 약간 완고한 이상향을 가지고 있는 것처럼 느껴졌다. 어떤 면에서는 순수하고, 또 다른 면에서는 실제와 이상의 괴리가 있을 때 어떻게 될지 걱정도 되었다.

이즈음 P는 검정고시 학원을 다니고 있었는데, 수업 내용을 따라가지 못한다거나 원하는 만큼의 성적이 안 나오면 학원에 나가지 않고 그냥 게임만 하곤 했다. 실제와 이상의 괴리를 참고 견디지 못한 채 그냥 포기해버리는

P가 그린 구미호

듯한 인상이었다.

한편 P는 여동생과 자주 부딪히곤 했다. 왜냐고 물었더니, 여동생도 자신처럼 학교를 잘 안 가고 종종 빠진다는 것이다. "제가 학교를 안 가니 편해 보이나 봐요. 자기도 오빠처럼 살 거라고 부모님께 얼마나 대드는지…… 우리 부모님 같은 분도 없으신데. 내가 부모님과 싸우며 서로 힘들어했던 걸 학교 가느라 못 봐서인지 그냥 편한 줄만 알고……."

자기 자신에 대해서 약간은 객관적인 시선을 가지고 있다고 할까, 아니면 자신과 동생에 대해 이중적인 잣대를 가지고 있다고 해야 할까, 여하튼 학교 적응이나 동생에 대한 걱정 혹은 경쟁심 등을 느낄 수 있었다. 우리는 그러한 면에 대해서도 이야기를 나누었다.

미래의 아내와 함께 맛있는 것을 요리하는 모습

252쪽의 그림은 그리고 싶은 것을 그려보라는 자유화 주제로 그린 작품이다. P는 잠시 생각하더니 구미호를 그렸다. 이 그림을 그리면서 P는 부모님처럼 일류대에 가고 싶다고 했다. 날카로운 발톱과 붉은 눈, 붉고 사방에 퍼진 아홉 개의 꼬리, 검붉은 배경과 푸르고 노란 배경, 짧고 끊어지는 듯한 선에서 불안함과 충동적인 에너지, 외부 세계에 대한 공격성과 더불어 내적인 긴장감이 함께 느껴진다. 부모님은 P가 예전보다는 일찍 자고 상담도 성실히 오는 모습이 좋다고 했고 P 역시 집중력을 보이며 성실히 치료에 임했다.

P는 집에 있다 보니 요리하는 것이 재미있다고 하며 나중에 요리사가 되고 싶다고 했다. 옆에 있는 여자는 미래의 아내인데 함께 맛있는 것을 해 먹고 싶다고도 했다. 치료실에 오는 것 외에는 외출을 하지 않는 P와 이즈음

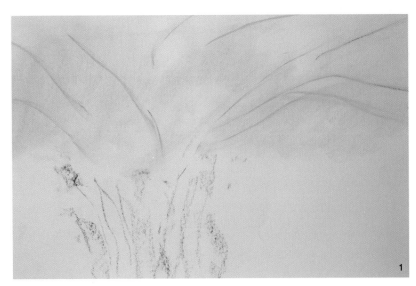

파스텔로 그린 나무

에 주 2회 상담을 했고 때로는 두 시간 연이어 상담을 하기도 했다.

P는 '나무'라는 주제를 제시했을 때 1번과 같이 그렸다. 파스텔의 느낌이 좋다면서 4절 도화지 가득 크게 그렸다. 도화지를 많이 벗어나게 그린 부분에서 충동 조절이 잘 안 되며 지배적인 욕구와 공격적인 성향이 보인다. 나무 기둥에 비해 가지는 가늘어서 약해 보이기도 한다.

이후 8회기가량 유화 작업을 했는데 P는 매우 흥미를 느끼며 집중했다. 유화는 과정 자체에서 인내를 필요로 하고, 잘못 채색하면 다음 주에 덧칠하거나 수정할 수 있다는 점에서 P에게 '포기하지 않으면 지금 원하는 결과물이 나오지 않더라도 기회는 있다'라는 것을 느끼게 해주었다. P는 컴퓨터게임 시간을 많이 줄였다고 하며 말썽 부리는 동생을 통해 자신의 모습을 보며 마음 아파했다. 이즈음 연상의 여자친구를 사귀었는데 얼마 안 가 헤

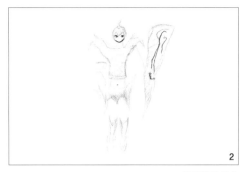

여전사의 모습	**눈 쌓인 나무**

어져 다시 밤낮이 바뀌는 생활을 하게 되면서 몇 차례 지각을 했다.

검정고시 학원을 다니다가 안 나가는 일도 반복되었는데 현실과 이상의 차이에서 회피하는 모습이 계속되었다. 한편 P는 게임 대회에 출전하려고 준비했다. 부모님이 보시더라도 떳떳하게 게임을 할 수 있다는 사실을 매우 좋아했고 기대감을 나타냈다.

2는 게임 대회를 준비하던 시기에 그린 여전사 그림이다. 다리부터 그림을 그려나가 전체적인 균형을 맞추기 힘들어했으나 몇 번을 수정해가면서 원하는 이미지를 만들려고 노력했다. P는 게임 대회에 함께 출전하는 팀원들이 잘 못한다며 본선까지 진출할 수 있을지 모르겠다며 걱정했다. 결국 P가 예측한 대로 게임 대회에서 세 번 경기 후 탈락했다. 게임 대회 이후 P는 자신의 게임 실력에서 한계를 느꼈다며 컴퓨터 하는 시간을 줄이게 되었다.

P는 3의 '나무'를 그리고 나서 "눈 쌓인 나무. 저 나무의 기분은 추울 것 같다, 외롭고. 10~20개가량 더 그려주고 싶다"라고 했다. 형태가 모호해서 나무인지 알 수 없으나 P의 말에서 감정을 읽을 수 있다. 여자친구와도 헤어지고 게임하는 시간도 줄어든 P는 좌절감을 느끼는 공부를 대신할 무언가

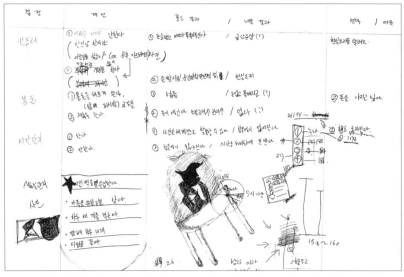

문제와 관심 영역, 대안을 찾기

를 찾고 싶어했다. 마땅한 것이 없으면 다시 게임을 할까 봐 두려워하는 P와 그에 관해 생각해보는 시간을 가지기로 했다.

　P와 문제와 관심 영역을 정리해서 대안을 생각해보기로 했다. 컴퓨터, 용돈, 시간 관리, 생활 관리, 사진(대안학교에서 제일 재미있게 했던 수업이라 이것이 하고 싶다고 했다) 항목으로 정리해보았다. P는 게임을 줄이고 아르바이트를 찾을 것이라고 했고, 부모님과 잦은 마찰을 빚는 용돈 부분에서는 적은 액수지만 저축을 하겠다고 했다. 그리고 사진 항목에 대해 가장 많은 의견을 내었는데 사진을 찍어 블로그 같은 곳에 올리겠다고 했다. 생활 관리에서는 하루 한 끼 정도만 먹는데 세 끼를 먹고 담배를 줄이겠다고 했다. 이렇게 쓴 후 다시 깨끗한 도화지에 옮겨 적어 자신의 방에 붙이고 스스로 점검하도록 했다.

풀숲을 달리는 말

　위의 그림은 대안 작업 이후 그린 자유화이다. 이 그림을 그린 회기에 P는 머리도 깨끗하게 자르고 옷도 깨끗하게 입은 단정한 모습으로 왔다. 멋있어 졌다고 칭찬을 하니 "전 올라가면 못 내려와요"라며 여유롭게 농담을 했다. 풀숲을 달리는 말을 그리고 싶다며 매우 집중을 했는데 눈이 어렵다고 해서 그 부분만 치료사가 도와주었다. 나무와 꽃을 배경으로 파스텔을 사용하여 따스하고 안정된 분위기를 연출했고 말을 몇 차례 수정하여 매우 집중해서 그렸는데, 회기 초기의 자유화인 구미호와는 매우 대조적인 밝은 느낌이다. P는 2회기에 걸쳐 그림을 완성했는데 휴대전화로 그림을 찍어 어머니에게 보내드리기도 했다. 어머니의 칭찬에 기분 좋아했고 구미호 그림과 비교해주 었더니 스스로도 "많이 다르네요"라고 했다.

개인 생활 습관은 많이 나아졌으나 방황하는 여동생에게는 매우 심하게 대했는데, 자신의 모습에 영향 받은 것에 대한 죄책감을 공격적으로 표현하는 듯했다. 부모님은 동생을 기다려주고 지켜봐주겠다고 했는데 오히려 P가 더욱 동생을 다그쳐 사이가 매우 안 좋아졌다.

그런 뒤 얼마 지나지 않아 P의 집이 멀리 이사를 가게 되었다. 미술치료실에 오려면 왕복 4시간이 걸리는 곳이었다. 몇 번 오다가 도저히 힘들어서 아쉬운 종결을 하게 되었다. 그런 뒤 P는 가끔 연락을 하곤 했는데, 종결한 지 8개월쯤 지났을 때 대뜸 "그리고 싶은 그림이 있어요"라고 하며 미술치료실을 찾았다.

캔버스에 물감이 효과적으로 발색될 수 있도록 젯소를 칠한 후 건조될 동안 P는 자신이 입고 싶은 스타일을 그렸다(그림 a). 가수들이 많이 하는 헤드폰에 입고 싶은 윗옷이며 바지를 가격까지 상세히 쓰고 코디를 한 그림이었다. 아주 비싼 손목시계를 차고 싶다며 그 시계 이미지를 스마트폰에서 찾아 열심히 그리기도 했다. 회기 초기에는 슬리퍼에 아무렇게나 기른 지저분한 머리, 짙은 색의 민소매 티셔츠에 트레이닝복 차림이었던 P가 자신에 대한 애정이 생기면서 스스로를 가꾸려는 모습이 보기 좋았다. 그러나 아르바이트를 하지 않고 부모님이 주시는 용돈에만 의존하는 모습이 걱정이 되었다.

종결 이후 8개월가량 대체로 잘 지냈지만 한 가지 안 좋은 사건이 있었다. 용돈이 부족하다고 느낀 P가 고등학생의 돈을 빼앗아 법원까지 가게 된 것이다. P에게 그 일을 물으니 많은 돈도 아닌데 청소년 관련 범죄가 강화되어 운이 나빠 걸렸다고 했다. 미술치료사는 사건도 걱정이 되고, 그렇게 말하는 P도 걱정이 되었다.

그림 b는 P가 우울한 피에로를 그리고 싶다고 하여 치료사가 찾은 이미지

그림 a: 내가 입고 싶은 스타일   **그림 b: 우울한 피에로**

를 변형해서 그린 것이다. P는 법원에 가는 문제로 부모님과 계속 갈등을 빚었다. 한 달에 용돈이 고작 20만 원이라 돈을 빼앗을 수밖에 없었다며 자신의 행동을 정당화했고 자신의 잘못에 대해 둔감해진 모습이었다. 용돈을 조정하는 과정에서 매우 힘이 들었는데 "나의 의견을 안 들어주고 이기려고만 하는 아버지에게 아주 큰 손해를 입힐 계획을 하고 있다"라고까지 말을 했다. 그 내용에 대해 물으니 더는 말을 못 하겠지만 자신도 자신이 돌면 어떤 행동을 할지 모르겠다며 극단적인 모습을 보였다. 부모님과 상담하며 용돈 문제를 서로 조정하도록 도왔는데, 어쩌면 문제는 그보다 더 근본적인 것일 수도 있겠다 싶었다. 하지만 시간이나 상황의 급박성 때문에 심층적인 변화보다는 구체적이고 현실적인 조정과 타협이 우선시 되었다. 더불어 P가 감정적으로 행동하지 않게끔 달래주었다. 다행히 용돈 문제는 잘 마무리 되었고, P는 다시금 검정고시 학원도 다니겠다고 하고 아르바이트도 하겠다고 했다.

그림을 그리면서 많은 이야기를 나누었는데 오랫동안 친구로 지낸 어떤 여자아이가 자기에게 고백했다며 정말 놀랐다고 했다. 자신 같은 사람이 왜 좋은지 모르겠다는 말을 하는 P에게 치료사가 "왜, 네가 어때서?"라고 했더니 "저 중졸이잖아요"라며, 예전과는 다르게 자신의 상처와 문제를 툭툭 내뱉듯이 말을 했다. 그러나 이내 곧 회피하며 가볍게 여기고 현실을 직시하기 힘들어하는 모습을 보였다. 나중에 P의 마음이 안정이 된 후 완성된 캔버스 그림을 다시 보고는 "저 그림이 저렇게 어두웠어요? 좀 더 밝은 그림을 그리고 싶어요"라고 했다.

집행유예 2년에 보호감찰 2년형을 선고받은 P는 씁쓸해하면서, "초범인데 좀 세게 나왔다. 군대에 가려고 하는데 곧 두 번째 사건 재판이 있다. 보호감찰을 받으니 아르바이트도 못한다. 수시로 오라고 해서……"라며 투덜거렸다. 집행유예와 보호감찰을 받는 동안 군대를 다녀와야 그 이후 무엇이든 자유롭게 할 수 있을 것 같다고 했다.

자유화를 그리라고 했을 때 "제가 사고 싶은 차를 타고 드라이브하는 모습이에요"라며 운전하는 손과 차를 그렸다. P는 다시 검정고시 학원을 그만두었는데 그 이유에 대해 물으니 "검정고시 학원은 정확히 무엇 때문에 그만두었는지 생각은 안 나지만 일단 공부를 다시 한다는 것이 두려웠다. 너무 어렵고"라고 했다. 동생은 공부를 잘해서 세 과목 시험을 봤는데 모두 1등급이고 나머지 과목은 내년 4월에 시험을 봐서 검정고시 수시로 대학을 가게 될 것 같다고 했다. 그러면서 자신도 대학을 가고 싶다고 했다. 그러나 일단 상황이 정리되기까지 아무것도 못하니까 군대를 먼저 갈 계획이라고 다시 말했다. 이후 P와의 상담은 군대 문제 등으로 중단이 되었다.

P의 어머니는 이사를 간 후에도 꾸준히 상담을 받게 했었어야 한다며 많이 후회했고 사실 치료사도 많이 안타까웠다.

내가 사고 싶은 차를 타고 드라이브하는 모습

    게임 중독은 마음과 삶에서 헛헛한 부분에 게임이 크게 자리 잡은 상태이다. P처럼 이상은 높고 현실에 대한 문제 해결력과 자신감이 부족한 경우 게임에 빠지기가 쉽다. 게임 속에서는 왕도 될 수도 있고 기사가 되어 공주를 구할 수도 있다. 또한 레벨이 높아지면 많은 이들이 따르고 인정하게 되어 현실에서는 느끼기 어려운 만족감을 얻을 수 있다. 하지만 현실에서 영원히 도피해서 사는 것은 불가능하다.

    미술치료사는 P와 라포를 형성하여 게임을 자주 하는 이유와 그 대안을 찾으려고 노력했다. 마음을 이해하면서 행동을 바꾸려고 노력하면, 때론 더디게 진행되더라도 조금씩 달라지기 마련이다. 바라건대 P가 제대 이후의 삶에서 좀 더 어른스럽고 스스로를 책임지는 모습을 보이기를 기원한다.

p.80
Carney, S. M. (1992). "Draw a person in the rain: A comparison of levels of stress and depression among adolescents", Unpublished doctoral dissertation, Pace University, New York.
Lack, H. (1996). "The Person-in-the-rain projective drawing as a measure of children's coping capacity: A concurrent validity study using Rorschach, Psychiatric and life history variables", Unpublished doctoral dissertation, The California School of Professional Psychology.
Krom, C. P. (2002). "Hospice nurses and the palliative care environment: Indicators of stress and coping in the Draw-a-Person-in-the-Rain test", Unpublished master's thesis. Albertus Magnus College, New Haven, CT.

p.94
Hays, R. E., & Lyons, S. J. (1981). *The Bridge Drawing: A projective technique for assessment in art therapy*, "The Arts in Psychotherapy", 207~217.

청소년을 위한 미술치료

사례를 통해 알아보는 미술치료 이론과 기법

ⓒ 주리애, 윤수현 2014

1판 1쇄	2014년 8월 25일
1판 9쇄	2023년 10월 16일

지은이	주리애 윤수현
펴낸이	김소영
책임편집	박주희
편집	손희경
디자인	백주영
마케팅	정민호 박치우 한민아 이민경 박진희 정경주 정유선 김수인
제작처	한영문화사

펴낸곳	(주)아트북스
출판등록	2001년 5월 18일 제406-2003-057호
주소	10881 경기도 파주시 회동길 210
대표전화	031-955-8888
문의전화	031-955-7977(편집부)	031-955-2696(마케팅)
팩스	031-955-8855
전자우편	artbooks21@naver.com
트위터	@artbooks21
인스타그램	@artbooks.pub

ISBN	978-89-6196-175-2 03180